給食で死ぬ!!

いじめ・非行・暴力が
給食を変えたらなくなり、
優秀校になった
長野・真田町の奇跡!!

大塚 貢+
元真田町教育長
西村 修+
文京区区議会議員
鈴木昭平［共著］
エジソン・アインシュタインスクール協会会長

コスモ21

給食で死ぬ!! 目次

第一章 荒れていた中学が「給食」と「花」で優秀校に変貌

第二章 「荒れた町」が「非行ゼロの町」に大変身

第三章　生活習慣病予備軍をなくし医療費を下げよ！

第四章　改善のカギは食べ物と教育環境にあった!?
……謎の青少年事件が起きるワケ

第五章　「食と潤い」で企業も驚くほど変わる

第六章　まずは地元から学校給食を変える　文京区区議会議員　西村修

第七章　「食」を変えることで知的障がい児が大幅改善
一般社団法人エジソン・アインシュタインスクール協会会長　鈴木昭平

カバーデザイン◆中村　聡

第一章　荒れていた中学が
「給食」と「花」で優秀校に変貌

赴任した中学校の状況――非行を犯す中学生が続出！

平成４（１９９２）年、私は長野県にある生徒数１２００人弱の大きな中学校の校長に赴任しました。当時、そのA中学はとても荒れていました。しかし、他にも荒れている学校が多くありました。

なかには廊下をバイクで走り抜ける生徒もいました。しかも急ハンドルを切ったりするため、床にはタイヤ痕が焼きつき、金ベラやシンナーで落とそうとしても落ちません。それは、じつにひどい状態でした。

そのA中学で5年間校長として奮闘したあと、平成９（１９９７）年から真田町の教育長となり、当時、町に6校あった小学校、中学校の改革に取り組みました。

まずA中学での体験からご紹介します。

その中学校では、校舎の内外に落ちているタバコの吸い殻を集めると、1～2時間でバケツ1杯分になるほどでした。そして毎日のように非行や犯罪が、何かしら起きます。

どういう状態かというと、生徒が授業を抜け出し、外で群れてタバコを吸ったり、弱い者を引きずり出してきて、いじめて現金を巻き上げたり……。さらには学校外で空き巣をしたり、あるいは1人暮らしのお年寄りの家に行って脅したり、そんな犯罪行為を起こす生徒さえいたのです。

事件が起きると先生たちは、その都度対応しなければなりませんから、先生方もまた本当に疲れ切っていました。

非行の原因はつまらない授業にあった！

はっきり言うと、生徒が荒れる原因の1つは、先生の授業にもあるのです。

わかりやすい資料を見つけてくれたり、生徒自ら操作しながら、課題を解決できる教具を工夫したりして、生徒が本気で授業に取り組んでいけるような素晴らしい先生も大勢い

ましたが、中には「授業がつまらない」先生もいたのです。私自身が、授業を見ても「自分が生徒だったら、こんな授業はつまらないし、退屈だ。こんな授業を私が受けていたら苦痛に感じる」という授業もありました。

生徒たちは、そんな授業を受けても内容が頭に入ってきません。授業がつまらないと、机にダランと伏せているだけで、まともに聞いてはいません。あるいは前述したように、退屈だから授業を抜け出して事件を起こす生徒が出てきます。エネルギーのある子は教室に残っていないのです。

事件が起きると、生徒の保護者に学校に来てもらいます。多くの親御さんは仕事をしていますから、夜の7時か8時ごろになります。お母さん、お父さんに事件の概要を説明し、家庭での取り組みについて話すと9時か10時になります。その間、80人ほどの職員はほとんど残っています。

9時、10時に保護者が帰られ、そのあとに職員会議を開き、事件の概要を説明し、全員での対応を依頼します。次に校長、教頭、教務主任、学年主任、生徒指導主任、担任が集まって、具体的な対応を検討します。それが終わるのが11時か12時、たまには1時ごろになります。

そこからが校長の仕事で、事故報告書を書いて、朝一番に県の教育委員会に飛んで行かなければなりません。そんな生活が毎日のように続きました。

こんな調子ですから、教える側の先生たち自身が疲れ切っています。

疲れ果てた教師は、当然ながら授業の準備を十分に行うことができません。すると授業はさらにつまらなくなります。

しかし、教師が疲れているのは、生徒の非行の対応が原因です。こんな悪循環は何としても断ち切らなければなりません。

何はともあれ授業の改革を!

どうしたら、この悪循環から抜け出すことができるか……。あれこれ考えた末に、私はともかく授業を改革することを決意しました。

しかし、それを校長としてはっきりと言うのは、覚悟が要ることでした。校長に固い決心がなければ、これは不可能です。むしろ荒れている学校の校長ほど、他の教師たちのご機嫌取りをしてしまいがちです。

事件が起こると教師はどうしても、安易に「あの子は駄目だ、あの子の家庭が駄目だ……」という発想に傾きがちです。

しかし、私はそういう教師たちの態度に接すると「おい、冗談じゃない。そもそも授業がつまらないから、出て行ってしまうんじゃないか。僕が見たって全然つまらない授業だ！」と思ったのです。

教科書をただ説明している授業、メリハリのない分かりにくい授業を、子どもたちは机に伏せたままでも50分の間、我慢しています。「これでは私だったら10分ももたない。子どものほうがよほど辛抱強い」と思いました。

学級崩壊がよく話題になりますが、大半の場合、授業がつまらないことが原因で、それ

を子どものせいにしているのです。

私は民間の会社に勤めていた時期もありますから、「仮に民間の会社でこのような仕事をしているなら、クビだろうな」と思いました。

そこで意を決して、私は先生たちの前で言いました。

「先生方の授業を見せてもらったけれど、ひどいよ。あれでは給料泥棒だよ」

当然ながらショックを受ける人もいました。しかし、先生たちには、心ある人がたくさんいます。やがて、授業改革に立ちあがってくれました。

お互いに授業を見せ合って「ここを理解しやすくするには……」と研究が始まりました。なかには「先生、こんな授業では駄目です。これでは、子どもに分かるはずがない」と、厳しい指摘が飛び出します。

年配の先生に対しても、若い女性教師から「先生、30数年間、よくこんな授業やってきましたね」と、きつい感想もあったりしました。こう言われては年配の先生も、授業改革に真剣に取り組まざるをえません。

こうして、お互いに「分かる、できる楽しい授業」を目指して切磋琢磨《せっさたくま》したのです。

教師の熱意が授業を変えた

先生たちの努力と試行錯誤の結果、私が見ても分かるしできる授業になってきました。よくこんな素晴らしい教具を、工夫してくれたなぁ！　と。生徒が自ら操作して、問題を解決できるんですね。

こんな資料なら、生徒が問題を見つけ出すことができます。生徒にとって「分かるできる楽しい授業」になってきたのです。

たとえば、「焼津はまぐろ漁業日本一」と教科書に書いてあります。生徒は状況も分からず、ただ暗記するのみです。おもしろくも何ともありません。

そこで、S先生は当時高嶺《たかね》の花だったビデオカメラ（40、50万円）を買って3人で焼津に行きました。

まぐろ漁船の出航、帰航、市場や競りの様子を撮影し、そのビデオを生徒に見せました。生徒の焼津まぐろ漁に関する関心が高まったのは言うまでもありません。

先生の自発的行為ですから旅費も公費では出ないのですが……。

ともかく熱心な教師が増えて、やる気が出てくると相乗効果も見られるようになりました。

当時、私が何としても授業を改善したかったのは、勉強がつまらなくて非行に走った子どもたちは、その後、立ち直れないことが多かったからです。

もちろん就職してからも影響します。暴力団などの危ない世界に引き込まれてしまう者も出ます。

かつては家庭にも、殴《なぐ》ってでも立ち直らせようとする親がいました。近所の人も親身に心配してくれる人がいて、社会人になってからも助言してくれる人がいたものです。

しかし、現在は、家庭にも職場にも教育力が失われています。ですから私は「学校で、校長として、できるかぎりのことをしたい」と思ったのです。

コンビニ前で張り込む――食の調査

このように、教師側の努力によって授業が改善されていきました。その結果、たしかに子どもたちのようすも変わり、机に伏していたのがビシッとした姿勢になり、教室を抜け出す子どもも少なくなりました。非行の起きる割合が少なくなり、学校に来なかったいわゆる不登校の生徒たちも登校するようになってきました。

しかし、事態はまだまだです。何らかの事件がたびたび起きます。いじめの問題が起きたり、キレる子がいたり、やはり学習に無気力な子どもたちもいました。

せっかく授業が魅力的になってもそういった問題が起きるのは、どこかに何らかの原因があるはずです。もはや教師の授業内容でなく、他の原因があるのではないかと、私は考えるようになりました。

ところで、この地域では、小学校では運動会がありますが、中学校では運動会がありません。水泳大会・陸上競技大会・柔道、剣道などの競技大会。バレーやバスケット・野球の競技大会。これらのものを学校や地域、そして県大会として行っています。

これらの大会で気づいたのは、お昼にコンビニ弁当やカップラーメンを食べている生徒がいたことです。コンビニ弁当やカップラーメンには、「県大会で頑張ってね」という〝母の愛〟が感じられないのです。

そこで私は思い立って、ある競技大会の朝、5時から会場の近くのコンビニ前で、張り込むようにして子どもたちのようすを見ることにしました。

すると、親子が次々とやってきました。車で乗りつけて、コンビニで弁当など、その日に食べるものを買っていきました。

彼らの買ったものは、まずコンビニ弁当。それから、会場の給湯室でお湯をもらって食べるカップラーメン、あるいは菓子パン、清涼飲料などです。

菓子パンを食べる子は、およそジュース類を飲んでいますが、そのパックを見せてもらうと、果汁など1％とか3％程度しか入っていません。ほとんど人工の香料によって、オレンジなどの味と色をつけたものです。

お弁当にはお母さんの愛情が詰まっている

このような生徒の多くは、おしなべて問題をかかえた子どもたちでした。つまり、かなり高い確率で非行問題を起こしていたり、いじめる側であったり、キレやすく、学習に無気力といった子が多かったのです。

そういう生徒の場合、事件を起こして保護者に来てもらって「お宅のお子さんは」と話しても、あまり効果はありません。

余談ですが、子どもが事件を起こして親にきてもらい、場合によっては警察官も立ち会っている場面では、およそ主導権を握っているのは母親です。

20年くらい前は父親が主体でした。しかし近ごろは、口火を切るのは母親で、父親は小さくなって聞いています。

母親が生徒に「こんなことをして、近所の人に知られたら、母さん、恥ずかしい」と言っ

て嘆きます。また「父さんが会社でこの件を知られたら、同僚の皆さんに肩身が狭い」とも言います。

すると、近ごろの子どもは「ふざけるな、てめえ。そんなことを言う権利があるのか！」などと、汚い言葉を平気で発します。どうしてなのでしょう。以前なら「俺、こんなことをして……。母さん、ごめん。父さん、ごめん。これからはしないよ」と言ったものです。

いまは、その光景がまるで違います。

昔は運動会とか遠足とか、何か試合に行くという日には、母親がいつもお弁当を作ってくれていました。試合に負けても勝っても「俺の好きな卵焼き、焼いてくれたかな」などと思いながら、胸を躍らせながら、お弁当を広げたものです。

ところが、近ごろは子どもをコンビニに連れていき、お金を与えて好きなものを買わせているのです。

そうなると、父親への思いも母親への思いも、薄っぺらになりがちです。

ひどい子になると、親は「金を渡してくれる財布」くらいにしか考えていません。だから、親に対してそんな荒れた言葉が出てくるのでしょう。

親子の絆《きずな》がたいへん弱くなっているのです。

くわしい調査で見えてきた〝食の実態〟

そこで私は、本格的に子どもたちの食の現状調査を始めました。当時、平成4年ごろはまだ、食についてさほど現在ほど指摘されていなかった時代です。

まず、当時の朝食の実態から紹介しましょう。

何と、生徒の38％が朝食を摂らずに学校に来ていました。5人に2人くらい食べてこないのですから、これは見過ごせません。

付け加えると、のちに真田町（2006年4市町村合併で上田市になる）の教育長となった平成9年にも調査を行いましたが、生徒の30％がやはり朝食抜きでした。あの当時は「早寝早起き朝ご飯」（文部科学省による国民運動）などという言葉や指導がなかったのです。学校給食は「カロリーが必要量ある。おいしい。残飯がない」が目標でした。

さらに、食べてきたとしても何を食べているかが問題です。菓子パン、ハム、ウィンナー、さらに化学薬品で味付けされたジュースなど……。朝にそういうものを摂る子が、夕食にどんなものを食べているかというと、やはりレトルトカレーや焼肉が多いというデータでした。

この食の調査は、２週間以上かけてくわしく行いました。

「朝食を摂ってくるか否か。何を食べてくるか。さらに、夕食には何を食べているか。休みの日の昼食に何を食べるか……等々」

それらをアンケート式に回答させるだけでなく、２、３日おきに、食べたものの包装紙や、飲みもののパックや瓶などを持ってこさせました。

コンビニ食品による食生活を続けていると、栄養が偏り、いわゆる「血がドロドロ」状態になります。血液をきれいにするカルシウムやマグネシウム、亜鉛、鉄分をはじめ、各種のミネラルも不足しています。

さらに野菜不足ですから、ビタミンが足りなくて、血管が硬くなるなどの多様なトラブルを招きかねま

せん。野菜などは、足りないというよりまるで摂っていません。

人間の脳は、酸素やブドウ糖などの栄養分を最も必要としています。ところが、朝食を摂らないで学校に来るのでは、前頭葉も側頭葉も正しく機能しません。その結果、生徒たちはイライラしてきたり、無気力に陥ったり、やる気を失ってくるのです。

朝食を摂らないと、なぜ学習で無気力になったり、いじめ問題を起こしたりするのでしょうか?

少し考えると分かることですが、中学校には歩いて登校します。朝の部活があり、朝の清掃があり、体育やその他の授業があります。その、子どもがエネルギーを使うべき重要なときに、食べていないから力が湧いてこないわけです。

子どもたちは夕食をだいたい夜の7時から8時に摂り、朝食抜きで登校したら、給食は昼の12時半ごろ……。

つまり16時間くらい何も食べていないのですから、無気力になりますし、イライラしてくるのは当然です。だれでもお腹がすくとイライラしますが、子どもは特に顕著です。イライラのはけ口はいじめとなり、あるいは無気力にもなってしまうのです。

コラム　じつはたくさん摂っている食品添加物

食品添加物といえば、「できるだけ摂りたくないけれど、ある程度は仕方ないかな……」という方が多いのではないでしょうか。実際のところ、いまの社会生活で完璧に添加物を避けるのは、なかなかたいへんかもしれません。

食品添加物といっても、ベーキングパウダーや寒天のように昔から使われてきた添加物もあります。ビタミンC、ソルビットのようによく名前を目にする添加物もあり、さらに毒性が高いため使用基準も厳しい添加物として、発色剤の亜硝酸ナトリウム、保存料のソルビン酸、防カビ剤のOPPなどがあります。

これら多様な添加物を組み合わせて使用すること

で、色鮮やかで肌触りもよい「たらこ」が生まれ、だしを使っていなくても美味《おい》しい「ラーメンスープ」が生まれ、食感もスッキリした目の覚めるような黄色い「たくあん」が生まれます。

お子さんを持つ主婦の皆さんは、小さい子にカップラーメンは食べさせないかもしれません。しかし、カップラーメンのスープも、みそ汁に使う粉末だしの素も、化学調味料が使われているものが多くあります。

さらに厳密には添加物ではないけれど添加物に近く、かつ問題なのが「タンパク質加水分解物」であると『食品の裏側』の著者、阿部司氏は述べています。

大豆などのタンパク質を分解して作られたアミノ酸が、タンパク質加水分解物。そのアミノ酸にチキンパウダーやかつおエキスといったエキス類を加えることで多様な「うまみ」が生み出されるようになりました。

しかし、その「タンパク質加水分解物」を作る際に塩酸を使う製法によって発ガン性のある塩素化合物ができる恐れがあり、したがって安全性には疑問があるということが指摘されています。

また、「タンパク質加水分解物」も化学調味料も、人工的で味が濃く、これに慣れてしまうと、天然ダシの味を美味しいとは感じなくなる、という弊害もあります。

給食を変えるしかない⁉

子どもたちの、こんな現状が分かってきました。

そこで私は、ＰＴＡの会合を開き、食生活の重要性などについて説明会を開きました。ちなみにこれは、校長のときも、後の教育長のときも同様でした。

ところが、いくら話をしても若いお母さんたちはあまり聞く耳を持たないようすでした。特に非行を起こしている子どもの親御さんほど、まるで理解してくれません。

「家庭で難しいなら、学校で食を変えるしかない」と、私は一大決心せざるをえなくなりました。家庭で食べないものを、学校で食べさせるしかありません。ともかく子どもたちのためには、食を変えなければならないのです。

ちなみに当時は、教師の中にも不登校の教師が数人いました。その教師の授業は、他の教師が分担して受け持つわけです。代わりの教師は来ませんし、教えるべき子どもを遊ばせておくわけにもいきません。ですから他の教師に負担がかかり、疲労がたまります。これも、改善しなければならない緊急課題でした。

それまでの給食はというと、たとえば子どもも教師も好きな「菓子パン」「揚げパン」

がありました。さらに主食でいうと中華麺、スパゲッティ、ソフト麺などがあり、みんな大好き。一方、ご飯は1週間に1食程度しか出されません。そのご飯のときも、副食は肉が主流です。

これでは、家庭と学校の食事がほとんど同じです。そこで、まず主食はご飯にすること。さらに副食も魚や野菜たっぷりのものに変えようと考えました。

本当にありがたかったのは、栄養士のI先生が食に関わる生徒の健康を大変心配しており、早速取りかかってくれたことです。

当時は、イワシが安く手に入りました。イワシの甘露煮ならば、頭から食べて骨も丸ごと食べれば、カルシウムやマグネシウム、鉄分も十分に摂ることができます。そこで美味《おい》しいイワシの甘露《かんろ》

煮《に》を試作して食べてもらったところ、まず教師たちの猛反対に遭いました。

「こんなもの、食べられるか‼……」という反応です。子どもたちも、魚臭いイワシの甘露煮なんてとんでもないと言うし、親からも周りのみんなから反対されました。

そして保護者から言われました。

「校長、あなたが給食費を出してくれるならば、あなたのやりたいようにしていいです。しかし、給食費は私たちが出しているのです」

まあ、お金を出すのだから食べたいものを食べさせろ、という発想です。当時はいろいろとトラブルも起きていたし、「今度の校長は疫病神《やくびょうがみ》だ」とも言われました。

とんでもない校長と言われても私は引かない！

当時は、前述のように授業改革が少しずつ実を結び始めていました。さらに、くわしくはあとで述べますが、花作りによっても、効果が見え始めていたのです。

しかし、まだまだ道半ばでした。子どもたちは「土掘りや堆肥《たいひ》作りをさせられる」と不満を持つし、親は子どもが運動着を汚して帰るので、毎日洗濯をしなければならないから、来たこともあります。どこからか中傷があり県教育委員会が、ようすを見に来たこともあります。

しかし、私は、県の職員に対しても絶対に引かない覚悟でした。県の教育委員会に対して「ふざけるな。そんなことを聞きに来る時間があったら、他にやることがあるだろう！」と強く思い、何としても給食を変えなければと、決意したのです。

そんなあるとき、生徒の食生活を変えなければと、真剣に取り組んでくれている栄養士のI先生が、32歳の若さで心筋梗塞《こうそく》で亡くなった人の心臓の生体写真を借りてきて、教師と保護者、さらに子どもたちに見せてくれました。

写真によると、動脈にコレステロールが真っ白く付着し、まるで石膏状態でした。心臓の周りにもたくさんの脂肪が付いているのが分かりました。そのために心臓は正常に収縮できないし、動脈の働きも不能になっていたのでした。

これを見せて、「若くして死にたかったら、いまのままの食事を摂れ。ただし、その責任は持たないぞ！」と私は言いました。

たしかに、その写真を見たらどんな教師や子どもも「この生活を続けたら、こうなるのか」「自分があと何年か経つと、こうなるのか」と、理解します。おかげで食の改善に理解を示す先生や生徒が増えてきました。

それで私は、1週間の5食すべてを米飯に切り替えることを決断しました。

子どもたちが本を読み出した

すると少しずつ、やがてはっきりと、子どもたちに変化が見えてきたのです。

まずは「読書の習慣」です。荒れているときには、子どもはとうてい本を読む気になりません。ところが給食内容を変えてしばらくしたころ、休み時間になると、子どもたちがみな図書室に行って本を読むようになりました。

給食が済むと、争うようにして本を読んでいます。図書室に120ある椅子が、瞬く間に生徒で一杯になりました。

椅子が満席になると、床に腰を下ろして読んでいます。床が一杯になれば、廊下に出ても読んでいます。これは、なかなか感動的な光景でした。食の改善による影響が大きかったと思います。

図書館司書のT先生は、読書力を向上させるために、本気で取り組んでくれました。本の紹介を興味深くしたり、本のクイズを出したり、読書感想文に賞を出したりと、本への関心を高めてくれました。

しかも、荒れていた時代には図書の紛失が年間に400冊もあったのに、生徒たちが熱心に本を読むようになってからは、紛失がゼロか1冊になり、読まれると本はなくならないことがわかったのです。これは素晴らしいことです。

ところで1951年に始まった読売新聞社の「全国小・中学校作文コンクール」をご存じの方も多いでしょう。米飯給食に変えてから起きたもう1つの変化は、生徒がこのコンクールに参加して、特に指導もしないのに、毎年のように全国で1位か2位に入選するようになったことです。

子どもたちの文章力がしっかり向上していました。1位、2位に入選した子どもの作文は高度で、大人の私が読んでも筋がじつに複雑でした。

テーマは自由で字数制限もありませんが、質の高いものを中学生が書き上げており、これは嬉《うれ》しい驚きでした。

花作りで心に潤いを

食の改善とともに取り組んだのは、花作りでした。

荒れている学校に赴任するたびに感じるのは、学校に潤いがない、心を癒すものがないことで、生徒の心は渇ききっています。そこで花作りを始めました。

先生からも生徒からも、親からも反対されました。なぜ反対なのかというと、先生は生徒が放課後の部活が出来ない。生徒は泥まみれ、汗まみれになる。親は毎日のように、泥で汚れた運動着を洗濯しなければならない。反対する理由もよくわかります。

花壇は委員会やクラスで担当し、20カ所以

上になりました。メインの花壇は、校門の近くと、グラウンドでもサッカーや野球のボールの入る場所で、それぞれ25㎡ぐらいです。

「こんな場所にどうして花壇を作るのか。校長は何を考えているのか」と反対も出ました。

この花壇の担当は緑化委員会です。

野球ボールやサッカーボールが飛び込むと、列をなして花が折れます。それだけではありません。ボールを取りに花壇に入るので花を踏みつぶします。緑化委員会の生徒は、悲しんで泣き顔になり、花を育てる意欲が失われていくのは目に見えて明らかでした。

そこで私は出張で夜遅くなっても、車のライトで照らし毎日のように数十本植え替えて、生徒が悲しい思いをしないようにしました。

こうして春花壇がなんとかきれいに咲きました。7月初旬になると、春花壇がまだきれいに咲いていて、植え替えるのは勿体《もったい》ないのですが、全部秋花壇の苗に植え替えました。

夏が過ぎ、やがて秋花壇がしだいにきれいに咲き出すと、生徒たちの姿勢が徐々に変わってきて、野球ボールやサッカーボールが花壇に入らなくなってきました。花壇に入ったボールを取るにしても、花を踏みつぶさないように気をつけるようになりました。

花壇にボールを入れるな。花を踏みつぶすな。花を折るな、など1度も言ったことがないのに。本当に不思議です。

　その後5年の間、私はA中学にいましたが、後にボールで花が折れたのは、2度しか見かけたことがありません。じつは私にとっては、花壇にボールが入ることは、最初から織り込み済みだったのです。

　しかし、そのとき生徒がどう変化するかを見たいと思っていました。花壇を作って2年目からは、ボールも入らなくなるし、さらに花壇の設計も全部、生徒にさせました。

　水やりについても当初は、当番を決めても生徒が積極的に行ったりはしませんでした。しかし、いざ花がきれいに咲くと、子どもというのは変わるものです。学校の「生活記録」にも花をスケッチして描いたりします。「明

日はいくつ咲くだろう?」「パンジーの花びらはみな同じように見えるが、1ひら1ひら全部違う」などとコメントも添えてありました。

咲いたら分かる花の美しさ

なぜ生徒に変化が起きたかというと、1つには生徒自身にやらせたことが大きいと思います。

PTAや花屋でなく、生徒自身が泥にまみれ、汗にまみれて土を作り、堆肥を作り、苗を植えるのではなく種を蒔《ま》いてから育てていますから、咲くとやはり花の美しさをしみじみと感じるようになります。

春花壇がものの見事に咲いたら、次の秋花壇からは、こちらから言わなくても生徒がきちんと水をやるようになりました。そして2年目から、全国花壇コンクールで毎年のように文部大臣賞か、文部大臣相当賞の大賞を受賞するようになりました。

そもそも花作りを始めようと思った要因は、いじめや不登校が多かったからです。命あるものを大事にしようというやさしい気持ちも、全般に欠けていました。キレる生徒は、教師に対してもすぐに暴力に走ります。もちろん彼らの心には潤いがありません。ところが、花壇に花が咲いてくると嬉しいことに、子どもたちの心の変化が見られたわけです。

花作りに取り組み始めて1年が終わるころには、あれほどたくさんあったタバコの吸い殻がほとんどなくなりました。そして、ついには1本もなくなったのです。

花作りで、文部大臣賞を受賞するようになったのは、先生方が花作りの教育効果を理解し、積極的に指導に立ち上がってくれたことです。

当初、K先生に花作りの担当をお願いしたとき、花作りの経験がないと断られました。しかし、私が教えるからと言って了解してもらいました。初めは、土作り、種蒔き、苗育てなど教えましたが、次々に起こる問題に忙殺されほとんど教えられません。

K先生は当然、私を頼れなくなりました。すると、自ら花や花壇の専門家を見つけては教えてもらう。素晴らしい花壇があれば、自費で関東地方まで出かけて研究を深めたのです。

さらに、2年目の終わりころには非行による事件がほとんどゼロになり、不登校の生徒が40、50人もいたのに、完全不登校が2人になりました。不登校が減ったのには、いじめがなくなったことが、間違いなく影響しています。

さらに、生徒は自分から勉強するようになりました。先生方の努力で、「分かる、できる、楽しい授業」になり、授業の内容を、みんながよく理解するようになりました。

このように、花壇作りと給食で、いつの間にかあらゆる面で変わってきたのです。

だれも見ていなくても花壇を世話する子どもたち

97ページからの写真は、真田町の小・中学校の、花がきれいに咲いたときのものです。その前の荒れていた時代には、花がなかったのです。時間が少し飛びますが、前述のように私は平成9年からは真田町の教育長として、町の小学校、中学校の改革に取り組んでいました。

町の小・中学校の校長や教頭、先生方に「花作り」の意向を伝えても、最初のうちはなかなか進みませんでした。

そこで、人事異動のタイミングの良いときに現状を改善しなければと考える校長先生や教頭先生の学校から、土作り、堆肥作りから取り組んでもらい、写真のような見事な花が咲くようになりました。

秋には菊の大輪を育てています。ある休みの日に私が学校の前を通ると、子どもたちが来て、菊の花弁の間についたアブラムシを、ティッシュペーパーを花弁の下に置いて、楊枝で1匹1匹、ていねいに落としていました。

ただ落とすだけでは、アブラムシはすぐ花に寄ってくるので、ティッシュペーパーの所へ落としてつつんで処置していました。

それでは大変だろうと思って私が、「そんなことをやるより、スプレー式の殺虫剤だったら、簡単に死んでしまうよ」と言いました。

すると、子どもたちから「何を言うんですか。そんなことしたら花が傷んでしまいますよ。そんなことも、分からないのですか！」なんて、言われてしまいました。

こういうやさしい子どもたちなら、人を殺すような犯罪に走るはずもありません。それも休みの日に、だれも見ていなくても大勢で学校に来ており、それだけ花の命を大事にしているのです。

先生も見ていないし、親も見ていません。花壇の作業も、ＰＴＡの手はまるで入っていません。子どもたちが自分たちですべてやっています。

中学校も、花壇はとてもきれいです。こちらでも、ある夜の10時半ごろ、私がたまたま通りかかると、花壇の所で男の子が水やりをしていました。

「こんな遅くにどうしたの？」と聞くと、親戚の家に出かけていて遅くなったとか……。そんな日にもきちんと、水やりに来ていたのです。

しかもホースで水をやると花が痛むので、ジョウロに水を入れ替えて、ていねいに花の1本ずつに水をまいていました。

水やりは2時間、3時間とかかるときもありますが、だれも見ていなくても、その日でないと花が弱ってしまうからと、いたたまれなくて学校へ来ていたのです。

こういう状態を見ると、心と体が一致するような教育が実を結んだ、と言ってよいのではないでしょうか。

この陰には、特に花作りを担当した先生の努力がありました。秋に蒔いた種が温室で寒い冬にどのように過ごしているか、４月にポットや苗床に仮植えした苗は、霜にあわないように、そして雨の日も、休みの日も夜も気が抜けなかったのです。

このように校長先生はじめ、先生方の心の教育の、深い思いがあったからこそ子どもたちが変わったのです。

第二章　「荒れた町」が「非行ゼロの町」に大変身

夜中の張り込み——盗まれたオートバイを探す

A中学校の校長のあと、真田町の教育長に就任しました。荒れた生徒が真田町にも、他の市町村にもいました。小学校にもいたのです。

オートバイを盗んで、周辺の市町村の暴走族と一緒になり、5台、10台、多いときは20台ぐらい群をなして、夜の11時ごろから朝の6時ごろまで、暴走行為をしていました。マフラーを外してすごい爆音をとどろかせるため、町の人々が眠れません。やっと静かになったと思うと、またすぐ戻ってきます。さらにオートバイだけでなく、自動車も盗んでいました。定員オーバーに、無免許運転、スピードの出し過ぎで転倒し2人同時に死亡という悲惨な事故も起きました。

夜中に私の自宅に電話がかかってきて、「この騒音聞こえるか！」と。またオートバイを盗まれた方からは、「教育委員会は何をしているんだ！」とお叱りを受けます。

盗むオートバイは、カブのような30万円くらいのものでなく、60万円以上する高級車です。盗まれた人に、取り返してあげねばとの思いで、夜の1時ごろから、暴走族の通る道路に、何回も張り込みました。盗まれたオートバイの特徴を聞いていたのですが、そのオートバイは来ません。

彼らも頭を使っていて、ハンドルや泥よけなど、目立つ部品を他のオートバイと交換して、一見して分からないようにして乗っているのです。

暴走族の制服のつなぎを着ていて、本格的です。他市町村の不良や暴走族と一体となっていて、容易には解消できない問題でした。

このような状況の中で、私は再び学校の改革に乗り出し、最初にまず食の調査をしました。

30%ぐらいの生徒が朝食を食べてこないのです。食べてきても、菓子パンや、ハム、ウィンナーです。そして夜は、焼き肉やカレーライスなど、肉類が多いのです。

魚や野菜の摂取量が極めて少ない子どもたちが、非行やいじめ、キレる、学習に無気力でした。当時の状況は、私が以前赴任していたA中学校とまったく同じです。そこで、PTAでバランスのとれた食事をと、訴えました。

しかし、教育長という立場は、いざ何かを進めようとしても毎日その学校にいるわけではありませんから、影響力は意外と弱いのです。保護者にも、現場の教師たちにも、なかなか話を聞いてもらえません。

そんな状況で、給食を変えようと訴えても、容易には進みませんでした。

そこで、A中学時代の栄養士のI先生に県と相談してもらいました。I先生は、子どもたちの食の改革の必要性を知り尽くしています。A中学時代も、生徒、父母、先生の指導に全力で取り組んでくれました。

本当に美味《おい》しい、イワシの甘露煮やサバのみそ煮などを試食してもらいましたが、魚臭いとのことでたいへん不評でした。では、パンと魚にしてはどうかと、再度試食会を開きました。

しかし、これは私が食べても「合わない」と思いました。パンとサバのみそ煮では合うはずがありません。

腐らないパン？

しかし、そのときに気づきました。市販のパンの中には、10日経ち20日経っても腐らないものがあります。20日経ち、1カ月経っても腐らないのです。

つまり市販のパンに含まれる防腐剤がものすごい量だということです。さらに、パンは固くもなりません。これは軟化剤が入っているためで、こういうものを学校で食べ、家庭でも食べていたら、これは大変だと思いました。

そこで私は、自分で小麦を手に入れてパンを作ることを検討しました。長野県には姨捨《うばすて》山と呼ばれ、小説や映画の『楢山節考《ならやまぶしこう》』の舞台になった地域があり、そこは優れた小麦の産地です。

その地域の美味しい小麦を、知人を通して30キロほど購入し、製粉してもらいました。それをイーストだけ使って、防腐剤や軟化剤は無添加で、試作パンを焼いてもらいました。するると、そのパンはやがて固くなるし、カビも生えてくるし、腐ってもきます。「これなら大丈夫！」と思いました。

しかし、その小麦を使うには難題が生じました。

地元の小麦を独自に手に入れようとしても、国は補助金を出さないというのです。担当部署と交渉を繰り返しましたが、許可が下りません。

冗談じゃない、と思いました。輸入する小麦には補助金が出るのに、日本の小麦を買うのに補助金が出ないなんて、本末転倒じゃないかということです。

それにしても実際のところ、給食に出る食品の防腐剤や添加物などの量は半端ではありません。学校給食に大福や雪見大福などが、かなり出ますが、何のためにこのような物を出すのでしょう。

お餅は、自分の家でついた餅は包丁で切ろうとしたら翌日には包丁が通らないし、町の

お菓子屋さんで作った大福なども、次の日には皮が固くなって食べられなかったりします。

ところがいま、ある県の学校給食に出された大福があるのですが、3年以上経っても全然腐らないし、カビも生えないのです。大福などには大量の防腐剤と軟化剤が入っています。ハムでも腐らないのもありました。

これらを全部、私は車に入れたまま3年間も、季節や時間によっては70度以上にもなる中に置いておきました。しかし、腐っていません。ハムも学校給食に出た生ハムで、亜硝酸ナトリウムで着色され、防腐剤も入っています。亜硝酸ナトリウムは発ガン性が高い食品添加物と言われています。

ところが、国では、これくらいの量であれば食べても安心だ、安全だといって基準を出しています。

しかし、この種の食品を朝に家庭で食べて、さらに給食時に学校で食べ、さらに夜に家でも食べるとしたら、どうなるでしょう?

もう、それは生活習慣病になったり、ガンに侵されたりする可能性が高い状態です。私たちはこのようなものを日々、食べていると言えるのではないでしょうか。

米を自分で買い歩く

小麦は、国が決め、割り当てる小麦以外を購入すると、補助金が出ないということなので、今度は米に戻って検討しました。

そこで次は「米は大丈夫だろうか？」という問題です。給食に使われていたお米を調べてみると、「きらら」がおよそ50％くらい入っていて、これは北海道産で安価です。さらに秋田県の男鹿半島の「あきたこまち」にも、宮城の「ササニシキ」にも「きらら」が入っていました。

それで私は、まず現地へ行って米を買ってくることから始めました。北海道で購入し、秋田の男鹿半島にも宮城にも行って購入し、新潟の地震被害に遭った山古志《やまこし》にも行って、コシヒカリも購入しました。このお米は、美味しい米でした。さらに地元の長野県も米どころです。

意外と知られていないかもしれませんが、県内には佐久平《だいら》とか上田盆地とか善光寺平、さらに安曇《あずみ》野、伊那谷など、米どころがあります。

そこへ行って農家や農協から買ってくるのですが、米には、袋と中身が一致しているか否か、本当に大丈夫か分からない、という問題がありました。

たとえば「魚沼のコシヒカリ」と袋に書いてあっても、実際はどこのコシヒカリが入っているのか、厳密なことは分かりません。

現在は状況が変わったと思いますが、当時は中身が異なるのに「魚沼のコシヒカリ」として売っていた業者が摘発され、大きな商社が潰《つぶ》れた事件もありました。

長野県でも大手の米商社が2軒ほど潰れました。

そこで私は、袋に入った米は信用できないと思い、袋詰めされていない米を現地で購入しました。さらに各々の米を、同じ条件のお皿に置いて、並べて観察しました。

同じ環境で放置して、コクゾウムシがわいてくる米なら大丈夫、ということです。農薬が入っていないからです。

その実験を、もし衛生研究所の専門機関に依頼したら厳密なデータが出るでしょう。しかし、検査には1品3、4万円から7万円ぐらい費用がかかりますから、要は農薬が入っているか否か判明すればよいので、自分で確かめました。結果は、ムシがわいてくる米と、わいてこない米がありました。

結果、地元の真田町の米はムシがわいてきました。これなら使えます。それで私は、休耕田や高齢者の方の水田を集めた大規模農家と契約して、無農薬有機栽培で米を作ってくれるよう契約を結ぼうとしました。

しかし、また難題です。そのやり方では、やはり国からの補助金が出ません。再び国と交渉しましたが、小麦のときと同様に許可されませんでした。国が決めた米以外は補助金が出ないのです。

しかも、各業界も一体となって反対してきました。当時まだ、安全な食材や、地産地消の考えが、ほとんどないころでした。だから真田町で成功すれば、他市町村に波及することは、目に見えています。学校給食というのは、供給ルートが変更されそうになると、利害が絡んでたいへん強い圧力がかかるのです。

それで、私は真田町の箱山町長に相談しました。箱山町長は、町の発展の大事な1つは「人づくり」だと考え、教育にも力を入れてきました。それには、子どもの心と体の健康を考えると、バランスのとれた和食だと考えていました。

箱山町長は、町の財政も大変だが、子どもの健康が大事だとの思いで、国の補助金が出ないならその分を町で負担してもいい、と言ってくれました。ところが、学校給食の国の補助金そのものが打ち切られることになったのです。だから町の予算で、米はどこから買ってもよくなりました。

無農薬、低農薬の素材を使った給食がついに実現!

このように、真田町においての給食改革はスタートしました。

しかし、地元の米を使っての給食という形も、決して順調に進んだわけではありません。教育長への批判も含めて、私はかなり叩かれました。農家と契約すると「1農家の利益のために学校給食を私物化している」と言われ、中傷記事を載せたビラを県大会や全国大会などで配布されました。

たしかに、農家との契約は誤解される面もあったかもしれません。そこで、農協との契約なら、組織体なのだから大丈夫ではないかと考え、農協と契約を結びました。

ただし、農協は直接の生産者ではありませんから、完全に無農薬というわけにはいかず、「無農薬か低農薬で米や野菜を生産してほしい」という意向を農家に伝えるという関係でした。

ところが、これもまた「1営利団体の利益のために、学校給食を私物化している教育長がいる！」と批判されました。実際はそんな動機ではありません。そしてもうこの方法しかないのです。信念を持って、可能な方法で進めるしかありません。

こうして試行錯誤の末、農協や農家、さらに商品を取り扱う商店など、町のみなさんに協力してもらって、お米、野菜、大豆製品、果物などが無農薬か低農薬で提供されるようになりました。

さらに魚は、三陸や北海道などの漁業組合にお願いして送ってもらうようにしています。その結果、現在では、中学校で出される給食の90％は、低農薬や無農薬の、各地の地場産の物を使うようになりました。

【真田町の中学校の給食メニュー　2006年6月】

日	曜	主食	おかず	エネルギー kcal	食事メモ
1	木	バターライス	手作りカレーコロッケ、トマトサラダ、わかめスープ	810	○○中オリジナル
2	金	カレー	魚のピリ辛焼き、煮浸し、サクランボ、大根と油揚の味噌汁	811	○○さん宅で収穫されたサクランボ
5	月	そぼろ丼	**サンマの甘露煮**、ごぼうサラダ、豚汁、杏仁豆腐	943	3年2組さんの希望献立
6	火	ご飯	エビとイカのチリソース、チンゲン菜のナムル、ワンタンスープ、ミニトマト2個	750	20品目使われています。
7	水	ご飯 ナン	タンドリーチキン、レタスとチーズのサラダ、キーマカレー、ジョア	920	カルシウムたっぷり。
8	木	ソースカツ丼（ヒレカツ）	ジャガイモの金平、エノキの味噌汁、くだもの	833	○○大会「勝つ」献立
13	火	菜飯	たらのマヨネーズ焼き、ビーンズサラダ、なめこ汁、くだもの	794	たらはベイクドマヨネーズと相性がいい。
14	水	ご飯	ハムエッグ、イカのマリネー、肉団子のスープ、トマト	776	トマトにはリコピンたっぷり。
15	木	ご飯	**ますの南蛮揚げ**、味噌ドレサラダ、手作りふりかけ、ジャガイモの味噌汁	824	ニンジンの味噌漬け、じゃこ、梅、しその入ったふりかけ
16	金	親子丼	**アジの香味焼き**、白菜のごま和え、豆腐の味噌汁	794	父の日にちなんで親子丼

（以下略）

実例として次頁の表、2006年6月の真田町の中学校の給食メニューを見てください。たとえば「サンマの甘露煮」があり、「ますの南蛮揚げ」、「アジの香味焼き」もありますが、これらは魚を頭から食べて、丸ごと骨も食べます。

アジの頭はふつうは固いですが、焼き方によってはカリカリして美味しく食べられます。この表には出ていませんが「イワシのみりん干し」の場合も、あえて頭を付けたままにしてもらっています。

「ワカサギのカレー揚げ」や「焼きししゃも」も頭から丸ごと食べます。こういう食べ方なら、食材の頭や骨に含まれるカルシウムやマグネシウム、亜鉛、鉄分を自然な形で摂ることができるからです。

子どもに魚を食べさせたい

また、給食メニューを見ていただくと分かるように、青魚が多いのです。背の青い魚にはDHA（ドコサヘキサエン酸）やEPA（エイコサペンタエン酸）が豊富に含まれ、血管を柔らかくし、血液をきれいにしてくれる作用があります。血流がきれいになると、脳への酸素や栄養分の供給がスムーズになります。

ところがこれも、当初は先生方や子ども、親から随分と批判されました。「なぜ、こんな生臭い魚ばかり食べさせるのか？」というわけです。そこでＤＨＡやＥＰＡについて説明すると「ＤＨＡ？　ＥＰＡ？　医者でもない教育長が、何をとぼけたことを言っているんだ」と言われました。

最近でこそ世間で周知されるようになった栄養分ですが、当時はあまり知られていませんでした。ちなみに「さかな、さかな、さかな♪　さかなを食べると……あたまがよくなる」という『おさかな天国』の曲が流行《はや》ったのは、ずっとあとの２００２年のことです。

もう1つ、新たに取り入れた習慣がありました。毎日、子どもたちが、手のひら一杯の小魚類を食べることです。「食べる煮干し」とか「キビナゴ」「いりこ」などを毎日食べて、カルシウムや鉄分を補給させせました。

この習慣には、咀嚼《そしゃく》力を高めることで脳を活性化させるという効用もあります。いまの子どもたちは、柔らかいものしか食べないために、脳の活動が低下してきているのです。これも、当初はＰＴＡや議会から批判されましたし、教師たちにも不評でした。ところが、生徒にはいつの間にか習慣化し、いまではみんなが喜んで食べています。

子どもたちも小魚を食べ始めると、もう食べずにはいられなくなります。

さきほどのメニューの「サンマの甘露煮」の横にコメントで「3年2組さんの希望献立」とあります。これは1カ月に1度、子どもたちにアンケートを行って希望を聞いているメニューです。栄養士の教師がこれらを管理していますが、他にどんな希望があったか、聞いてみると「イワシの甘露煮」だそうです。

ただ、イワシは現在は少し高くなっているため冷凍サンマなら30～50円で購入でき、子どもたちはその辺の価格設定も理解して、結局「サンマの甘露煮」に決まったそうです。「食育」を日ごろから勉強していますから、何を食べたらよいか、よく理解しているのです。

ちなみに子どもたちの希望には、ハムやウィンナー、焼き鳥、焼肉、ハンバーグなどは、特になかったそうです。

給食を変えたら子どものアトピーが消えた！

さらに給食の主食は、米飯にするだけでなく「発芽玄米」を、毎日13％くらい入れています。

私も家で発芽玄米を食べるようにしていますが、発芽玄米は価格が高いので、毎日は食べられません。しかし、学校給食では、子どもたちは毎日食べているのです。

発芽玄米を給食に取り入れた理由は、そこに含まれる「ギャバ」が血をきれいにするし、血管や内臓を丈夫にしてくれるからです。

学校給食で発芽玄米が可能なのは、他の食材を地産地消で安く購入できるため、やり繰りが成り立つからです。

このような給食が実現した結果、何がもたらされたでしょうか？

その恩恵はたくさんあるのですが、特筆したいのは、アトピーの子どもが極めて少なくなったことです。これは画期的なことだと思います。

ある女子生徒が東京からこの町に転校してきました。最初は顔も手もアトピー性皮膚炎で真っ赤で、かわいそうな状態でした。

しかし、何とこちらで4、5カ月を過ごしたら、きれいに治ってしまいました。

ところが、この生徒は父親の転勤で、再び都会に転校して行きました。そこでどんな給食が出されるか、予想がつきました。

やはり残念なことにアトピーが復活してしまい、女子生徒は母親と一緒にアパートを借りて戻ってきました。

父親が単身赴任となったのは気の毒ですが、その子のアトピーがきれいに治って卒業

できたのは、嬉《うれ》しいことでした。

これは合成調味料、合成保存料や合成着色料などの添加物によって、その子の体が侵されていたけれど、学校で食べる物によって体が回復した、ということでしょう。食べ物が原因となってアトピーやアレルギーが出るということは、体質云々《うんぬん》の前に、日々の食べ物が重要だということです。

残念なことに、世間一般では、親がそういう観点で考えられないようです。アトピーなどの症状で薬漬けのような状態になりがちなのは、たいへん憂慮すべきことだと思います。

非行が消え不登校の生徒がいなくなった

このように「授業改革」、「花作り」、「給食の改善」といった「3つの柱」を実行することで、生徒たちは大きく変わっていきました。現在は教育の現場や教育行政を退いて教育・食育アドバイザーという立場ですが、かかわってきた学校の生徒たちの状況は、分かります。「3つの柱」を実行している学校の子どもたちのようすで明らかなのは、まず非行が消えたということです。それは、取りも直さず不登校の生徒がいないということでもあります。

どういうことかというと、ここ9年から10年のあいだ、警察でも２０１２年3月現在、万引きも含めて非行ゼロとのことです。

「非行ゼロ」ということは、やって良いこと、悪いことの判断力が身についているということです。心も落ち着いていて、学ぶ意欲も高まっています。

子どもたちにとって、集団生活であるかぎり多少の意地悪はあると思いますが、不登校に陥るようないじめはないので、小学校では不登校はずっとゼロが続いています。

中学校では２０１１年の段階で、不登校の生徒が３、４人いましたが、この中には不登校が原因で転校してきた生徒もいます。そして多少改善して登校もできるようになった生徒もいます。合わせても３、４人ですから、全体として非常に少ない状況を保っています。

これは「３つの柱」を実行している生徒たちの、「善悪の判断力」が非常に高くなっているからだと言えるでしょう。前頭葉や側頭葉の機能が正常に機能して、人間らしい、本来の発達の仕方をしている証拠だと、私は考えています。

塾に行かなくても高レベルの学力を保持！

さらに総じて生徒たちのやる気が高まり、教師の努力とあいまって学力も著しく向上しています。

64頁のデータは、CRTという民間の実施するテストで有料です。文部科学省のテストは、4年前までは、日本の小・中学校全体が受験し、受験者数は240数万人でした。CRTは、100数十万人が受験しています。

ちなみに文部科学省のテストは原則として公表していません。文部科学省のテストは小学校では国語と算数、中学校で国語と数学という2教科。こちらのCRTは、小学校は国語、算数、社会、理科の4教科で中学校では国語、数学、英語、社会、理科の5教科です。

両者のテストの大きな違いは、文部科学省では平均点でデータを出しますが、CRTは段階式になっています。つまり、A・B・Cという段階を作り、Aが学力の高いランク、Bは中間のランク、Cは学力の低いランクとし、そこへ全体の何%が入るかというパーセンテージでデータを作成しています。

文部科学省のテストでは、問題が起きました。東京など一部の地域で、先生や校長がテスト中に回って歩いて、間違っているところを子どもに訂正させたり、できない子には「君は、明日休んでいいよ」と言ったり、できない子の点数を集計に入れなかったり……。これはひどいです。大きな問題となりました。

〔教研式・ＣＲＴ学力テスト（全国）〕

・実施　2005年（平成17年）5月
・A・B・C～（A）学力が高いランク（B）学力が中間のランク（C）学力が低いランク
・全国～全国の学年の受験生がA・B・Cの各ランクにはいる％（全国平均）
・学年～学校の学年の受験生がA・B・Cの各ランクにはいる％（学校平均）

M小学校

２年国語

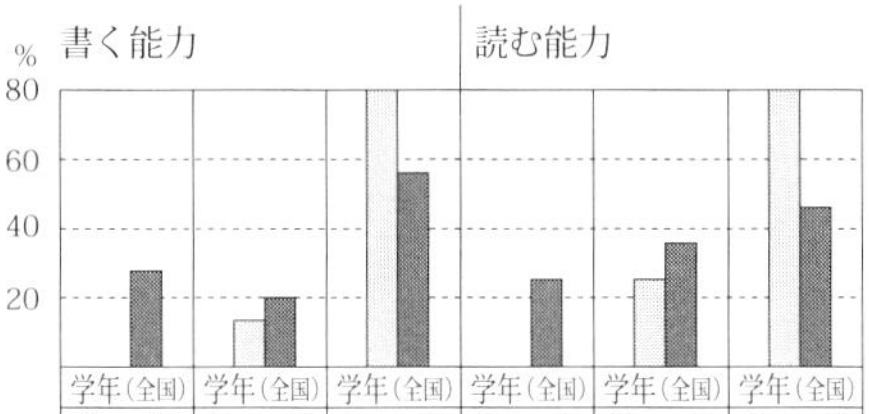

	C %	B %	A %	C %	B %	A %
学年	0	12	88	0	24	76
全国	24	20	55	24	33	42

N中学校

１年数学

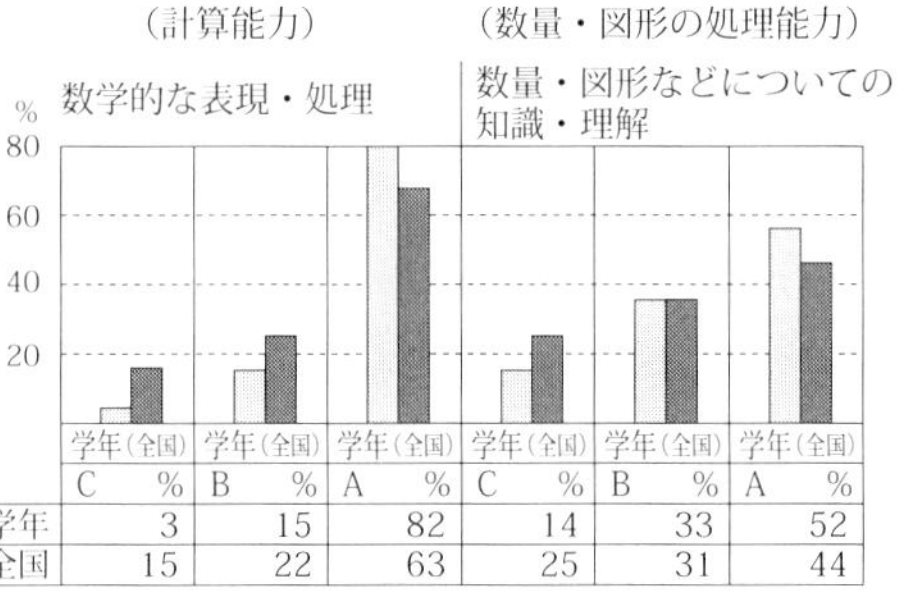

	C %	B %	A %	C %	B %	A %
学年	3	15	82	14	33	52
全国	15	22	63	25	31	44

S中学校

２年英語

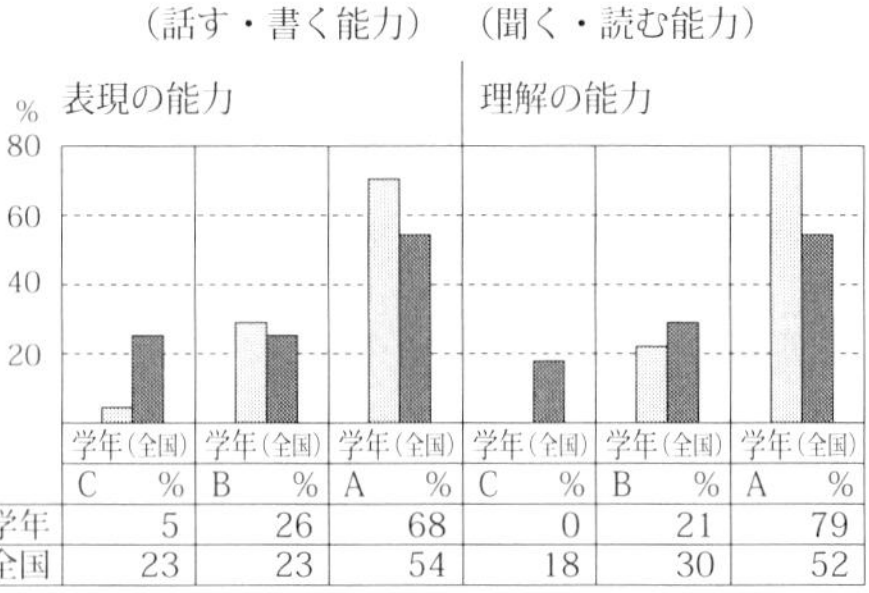

	C %	B %	A %	C %	B %	A %
学年	5	26	68	0	21	79
全国	23	23	54	18	30	52

しかし、こちらのCRT方式では、そんな心配はありません。なぜなら、できない子はできない子で、できる子はできる子でデータが出ます。何でも平均点を出すという形式には弊害があります。

前頁の表を見ていただくと分かりますが、小学校の2年の国語を見ると、書く能力は、Aは学力の高いランクですが、全国が55%であるのに対して、M小学校ではAランクの子どもが88%に上っています。

Bの中間ランクに属するのは、全国が20%であるのに対して、こちらでは12%。さらにCの、低いランクについては、全国が24%であるのに対して、じつにゼロ。

このように、低いランクの子が非常に少な

いのです。他の科目についても、同様の結果が出ていることが分かります。

このテストは、全国で百数十万人の生徒が受けていますが、参加するには経費がかかります。したがって、学力に意識の高い市町村、すなわちレベルの高い学校の生徒たちが受けます。そういう高レベルの子の中で、真田町の子どもたちは、これだけの学力を維持できているということです。

では、真田町の子どもたちは塾に行っているのかというと、塾は多くあるけれど、行っている子は少ないのが現状です。小学校では、どの学校でも塾に通う児童は10％程度です。中学校では、学校によって差があるため10～30％くらいですが、全体的には少ないほうでしょう。

塾に行かない場合、家計の負担は少なくて済みますし、何より子どもたち自身の精神的、時間的負担が軽くなります。

食べているもので子どもの描く「絵」も変わる

このように子どもたちに〝劇的な変化〟が起きています。

しかし、食の変化で非行が減るとか、農薬や合成保存料には危険があるという私の主張は、世の中に受け入れられているかというと、まだまだです。見識のある方々にとっては、これらはたいへん重要なテーマですが、広く一般には、そう簡単には理解していただけないことを感じています。

ここで、専門家の著書から「食事と非行」の密接なつながりを紹介したいと思います。岩手大学名誉教授、大沢博氏の著作『子供も大人もなぜキレる』は、食と非行の関係を考えるにあたって、多くの内容を示唆しています。

大沢氏は、盛岡市の少年院に入っている少年の、それまでの食生活を調査しました。凶悪事件を起こしたある中学3年生の場合、朝食はほとんど食べていませんでした。

昼食は、その中学校では給食がないため弁当で、おかずはハンバーグ、ソーセージ、コロッケなどの肉類。間食はスナック菓子やチョコレート、アイスクリーム、炭酸飲料などで、いずれも砂糖がたくさん含まれています。

そして夕食のおかずは、焼き肉などの肉類です。ほとんどいつも肉です。

この中学生も、他に実例として載っている少年院の中学生たちも、カップ麺をよく食べており、毎日のスナック菓子も、かなりの量に上っていました。

しかし、そういう食生活では、およそ脳が正しくは機能できないでしょう。ちなみに、凶悪事件を起こした子どもの食生活というものは概して、大沢氏の指摘に類似しています。後の章で詳説しますが、私はこれまで、凶悪事件を起こした子どもの学校環境と、食生活を含めた家庭環境を40件以上調べてきました。多くの場合、共通した課題が浮き彫りになっています。食べるものは、事件との関連から見ても、まったく侮ることはできません。

次に、農薬の危険性と合成保存料との危険性について、上智大学教授、福島章氏の著作『子どもの脳が危ない』から紹介します。

福島氏の調査によると、メキシコでは輸出用の野菜栽培のために農薬を多用している地域と、自家用の野菜栽培のため農薬を使っていない地域とでは、大きな違いがありました。違いとは、子どもに「人の絵」を描かせると、その「人」が、恐ろしいほどようすが異なったことです。

4、5歳の子どもも、6、7歳の子どもも、農薬をあまり使っていない地域の子どもは、目も鼻も口も手も足も、ときには髪の毛も「人の絵」として、人間らしくきちんと描いています。ところが、農薬多用地域の子どもが描いた絵は、とても人の形にはなっていません。何を描いてあるか、判別することも困難です。

次に、福島氏の本の元になった論文と子どもの絵を紹介していますのでご覧ください。これらを考えると、前述したいつまでも腐らない学校給食の大福というのも、やはり怖いものだと実感します。

■『子どもの脳が危ない』福島章（PHP新書）の元になった論文と子どもの絵に現れる農薬多用地域と農薬不使用地域での違い

・子供への農薬の影響の視覚表現 by J. Raloff

調査は、谷（Valley）地域の33人と、丘のふもと（Foothills）付近の農場を営むヤクイの村の子供たち17人を対象とした。谷（Valley）の農業者たちは、一度の収穫期につき45回農薬を用いて、年に1、2回穀物を育てている。さらに、地域の家庭では家庭用害虫スプレーを日常的に使用する傾向がある。丘（Foothills）の地域では、屋内では家庭用害虫スプレーを使わず手でたたき、庭の害虫駆除にも農業用薬品の使用を避けている。

調査では、子どもたちにできるかぎり長時間ジャンプをさせ、ボール投げや、ボトルキャップ内にレーズンを投げ入れることや、記憶力ドリル、人間の絵を描かせるということ等を行った。

6月の『環境健康パースペクティブ』誌において彼らが報告したことによれば、谷の子どもたちは、スタミナにおいても、手と目の協調の鋭敏さ、30分の記憶力などにおいて、丘の地域の未就学児と比較して、著しく劣っていた。

描画能力においては左図の通りである。

アルバニのニューヨーク州立大学の神経毒理学者ダヴィッド・O・カーペンターは以下のように述べた。

「私は、農薬にさらされた子どもたちに、神経行動学的な影響、つまり、認知、記憶、運動の能力への影響が発見された、ということのような調査結果を初めて知った」さらに「ここでの示唆は、非常に恐ろしいものだ。というのは、観測された変化の度合いは、信じられないほどであり、おそらく回復不可能なものだから」

From Science News, Vol. 153, No. 23, June 6, 1998, p. 358. Copyright 1998 by Science Service.（※論文の一部を編集部にて要約しています）

農薬多用地域（Valley）と農薬不使用地域（Foothills）では、4歳児でも6歳児でも、「人」を描いた絵に顕著な違いが見られる。
(E.A.Guillette et al.:Environmental Health Perspectives,106,347<1998> による)

9割の生徒が「授業がよく分かった！」――アンケートから見える授業内容の向上

次に、真田町で行っているアンケートから、子どもたちの授業に対する満足度を紹介します。これは、いまの子どもたちの状態を正しく把握するために、町が、子どもや保護者の方々に、随時、行っているものです。

中学校の生徒による「授業評価のアンケート」を見ると、たとえば「授業の始めに今日の授業の目標やねらいが示されているか」という項目があり、生徒は概して高く評価しています。さらに、結果は全部公表されます。これらは、氏名は出さなくても何年何組の何の担当かを考えると、どの教師のことか、だれからも分かる形式のアンケートです。

このアンケートを行ってみると、先生たちの努力の足跡が感じられます。

たとえば「黒板には分かりやすい字で、ていねいに書かれているか」を聞く項目がありますが、どの教科も生徒は90％を超える率で、「そう思う」、「大体そう思う」と答えています。

もともと板書の字といえば、意外と殴り書きの先生が多いものです。殴り書きをノートに写して、生徒が家で復習しようとしても、何が書いてあるか分からなかったりするものです。その点は見事に改善されています。

次に「質問や説明は分かりやすくていねいか」という項目もあります。これも、およそ9割を超えて、生徒たちは肯定しています。

なかには、他の市から移動してきて最初は評価が低かった教師もいましたが、こういうことがあると教える側も努力します。そして翌年には、その教師も評価は上がります。

さらに「今日の授業の内容はよく分かったか」という問いでは、何と、どの教科も90％を超えて、生徒たちは肯定的に評価しています。

ちなみに、文部科学省の調査によると、この「授業の内容がよく分かったか」という設問に対する評価は、全国平均で中学校では41～43％くらいです。

しかし、真田町の中学校では、「授業が分かる」という項目が90％を超えています。当然学力は向上します。このあたりは、まさしく教師たちの努力の賜物といえるでしょう。

子どもたちが楽しく通学、家でも自主的に学習！

さらに、子どもの実態がどうであるか、保護者に行うアンケートがあります。質問事項として、たとえば「学校だよりや学級通信は文書の内容が分かりやすく親しみやすいか」

という一般的な項目もあります。しかし、もっとストレートに、子どものようすを訊《たず》ねた項目もあります。

たとえば「わが子は、いきいきと学校生活をおくっているか」という質問があります。「わが子は、学習内容を理解しようと意欲的に学習に参加しているか」という項目もあります。親が「勉強しなさい」と言わなくても自ら、勉強を進んでやっているか否か、親はよく見ています。

その集計結果を見ると、先述の「いきいきと学校生活をおくっているか」というのは、小学生でいえば「明るく元気に学校に行っているか」という質問になりますが、小学1年生も3年生も、99％の親が「そう思う」、または「大体そう思う」と答えています。6年生では何と100％に上っています。

また、「意欲的に学習に参加しているか」というのは、帰ってきて多少は、たとえば1時間くらいテレビを見たら、あとは自分で進んで勉強するかということです。その結果は、1年生が95％、3年生で95％、6年生ではやはり100％の親が肯定しています。

このように、子どもたちが楽しく学校に行くし、勉強についてもやる気があふれているという、喜ばしい結果があらわれています。

第三章　生活習慣病予備軍をなくし医療費を下げよ！

全国初！「食のまちづくり条例」を制定した小浜市
――「食」で子どもの学力日本一に、お年寄りは明るく元気に――

他の市町村における取り組みも、私にご縁のあったなかから、紹介したいと思います。まず、福井県小浜市です。

村上利夫市長は、もっと市民を明るく発展的にし、そして子どもも大人も、心と体を健康にしなければ、小浜市の発展はないと考えました。

そこで、「食」の改善、改革に立ち上がりました。この「食」は、狭い考えの食ではなく、安心、安全な食材を基本にした農林漁業振興。伝統の食文化、食に関する産業などの発展でもあります。

小浜市は、全国ではじめて「食のまちづくり条例」を2001年に制定した市です。まず、幼児や子どもたちの食の改善に取り組みました。若狭湾の美味《おい》しい魚や、地場産の無農薬、低農薬の野菜を多くした米飯の給食にしました。

子どもたちは、変わってきたのです。明るく元気になってきました。判断力が高まり、非行が少なくなりました。そして何よりも、学ぶ意欲が高まったのです。

その結果、文部科学省の「全国学力テスト」で、市の平均点が小学校・中学校とも、全国平均点より20点以上高い、全国一高い市になっています。

このことが知られるようになると、やる気のある先生が小浜市を希望するようになりました。子どもと先生の相乗効果が、日本一の学力になったとのことです。

高齢者に対する施策も充実しています。

現代は、高齢者のうつ病や引きこもり、孤独死、自殺といった問題が増えています。それにともない、高齢者医療や介護医療の費用も増加しています。

ただ増える一方の医療費に、何としても実行のある対策を、国も自治体も取り組んでほしいものです。

小浜市では、高齢者が家に引きこもらないようにし、「食文化館」に来て、料理を作ります。それによって、頭も体も使います。人との交流もします。何よりも自分で作った料理が美味しいのです。

自分の持っているノウハウを子どもたちに教えますから、「おばあちゃんすごいね」と認められます。高齢者が元気になれば、高齢者保険や介護保険を下げることができます。

「食のまちづくり」を、推進していく中心施設として、「御食国《みけつくに》若狭おばま食文化館」があります。

小浜市に関する展示や紹介と共に、幼稚園児から小学生、中学生、大人、高齢者までその年代に合わせて、食の研修ができます。

園児たちには、火の使い方から教えるために、かまどで、薪《まき》を使いご飯を炊《た》きます。おかずも作ります。手のひらに豆腐を乗せて、大人の包丁で切ります。基本をしっかり教えるので、怪我はしません。

このように「御食国若狭おばま食文化館」は、建物も素晴らしいですが、市民の心と健康作りに、大変な役割を果たしています。

このようすは、ＮＨＫテレビ、教育テレビなどでも放送されています。

「食育推進都市宣言」をした三島市

静岡県の三島市においても、２０１０年度に完全米飯給食に移行しました。三島市ではその前年に県内で初めて「食育推進都市」を宣言しており、食育基本条例も定めて、食育にはたいへん力を入れています。

三島市の小池政臣市長さんと対談したことがありますが、市長さんは、子どもたちの健康や学力、そして大人の健康が、市の発展の土台と考え、市政の大きな柱として、英断を持って対策に立ち上がった方でした。

そこは富士の裾野《すその》ですから、水がきれいで、米も野菜も美味しいものが収穫されます。さらに地元にある自然農法を行う事業団の知恵も借りて、トマトやなす、うりなどの新鮮野菜を、地産地消で子どもたちに提供できるよう工夫しています。

また、「三島市家族団らんの日」も制定され、家族がそろって食卓を囲むことが食物への感謝や、健全な心を育むとして、全市民をあげた運動となっています。

改革からまだ年数が少ししか経っていませんが、この市でも着実に、子どもたちのようすが変わってきたことは確かです。

かつて荒れ地だった土地を市が開墾《かいこん》した無農薬有機栽培の家庭菜園を私が訪ねたとき、ちょうど小さいお子さんを連れた家族連れの方がいました。そのお子さんは、美味しそうにニンジンを丸かじりしていました。その子は以前、大変なアトピーだったそうで、野菜嫌いでニンジンなどまったく食べなかったそうです。

しかし、その農園で作った野菜を食べるようになってから、何を食べても美味しくて、いつの間にかアトピーが治ってしまったと言っていました。

小池市長さんの後任の、豊岡武士市長さんも、子どもの心と体の健康作りに、全力で取り組んでいます。食育推進のために、組織や人材をさらに充実させて、成果を出しています。

市役所で食育推進の取り組みについて、課長さん方の説明を受けました。安心、安全な食材の生産を担当する農生部。食による健康を推進する厚生部。子どもの食育を推進する教育委員会等の連携が本当に素晴らしいです。

ともすると、縦割りの役所において、これが市民のための市の発展のための市役所だと、痛感しました。

２０１１年６月「食育推進全国大会」を三島市で開催しました。参加者７万２千人以上でした。参加者から「三島市の食育の取り組み、本当に素晴らしい」「うらやましい」という声を多く聞きました。

豊岡市長さんの話では、子どもたちは、残飯を残さなくなり、明るく元気になり、いろいろな面でやる気が出ているとのことです。そして大人も、子どもに影響されて、食や健康に関心が高まってきているそうです。

差別のない教育――障がい児を白眼視することは絶対許せない！

さて、これまで述べてきましたように、子どもたちの心が潤ってくると、いじめの問題もおのずと消えていきます。

そして、いじめ問題の他にもう1つ、私が意識したことに、特別支援学級の子どもたちに対する姿勢があります。

まず特別支援学級には一般のクラスより、さらにやさしさと思いやりがあり、やる気があり、責任感と行動力のともなう優れた教師に担当させるべきだと、私はつねづね考えてきました。

しかし、現状の学校現場は、そうでない場合が多々あるように思います。

私が校長のころには、特別支援学級が中学校に3クラスありました。その子どもたちは、掃除はきちんとするし、学ぶ姿勢もとても良かったのです。

クラス名を呼ぶときも、私は特別な名前でなく、1組2組……と普通学級に連なる番号のクラス名で呼んでいました。

一般のクラスの、清掃や勉強意欲の低い生徒には、「あのクラスの生徒の姿を見て、勉強の姿勢を学びなさい」と言いました。教える側の意識次第で、特別支援学級の子どもたちは素晴らしい、ということが生徒全般に伝わりました。

私は、いじめによって子どもたちが自殺していくということには耐え難いし、また、障がいをかかえた子どもたちを、一般の親や生徒が白眼視するということも、絶対に許せないと思っています。

日本中が第二の夕張に!?――医療費を膨らませないことが先決！

先ほども少し触れましたが、次は医療費の問題です。

参照するのは、2009年4月11日の『朝日新聞』の記事ですが、大きな見出しで「生

活習慣病　高校生4割予備軍」とあります。記事の内容としては、厚生労働省の研究班が全国の高校生を抽出して血液検査などを行ったところ、男子の44％、女子の42％が生活習慣病予備軍になっているということです。

検査の具体的内容としては、内臓肥満、高血圧、高中性脂肪、低善玉コレステロール血症、空腹時高血糖という5つの項目でした。それらについて1つ以上、基準値を超えた生徒が「男子の44％、女子の42％」もいるという話です。

私自身としては、20％近くになっているかもしれないと思っていましたが、実態はもっと悪化していたわけです。

さらに、高校生において、テレビの視聴時間が長いほど、血圧や血糖の値が悪くなっているという報告にも、注目させられます。

もう1つのデータは、２００8年12月2日の『信濃毎日新聞』の記事です。

信州大学医学部の医師たちが作る「メタボリックシンドロームを考える研究会」が、長野県の中学生の血液検査をしたところ、すでに37％が、生活習慣病予備軍になっているというのです。

研究会では、検査結果を踏まえて健康教育プログラムの作成を進めているということですが、中学生でさえ、こんな実態が見られることに驚き、大変憂慮します。

このように、国民が若いときから生活習慣病の予備軍になるようでは、社会的な課題がたくさん生じてきます。なかでも重大な問題が医療費です。

国としての国民医療費、２０１０年度の医療費が、厚生労働省から発表されています。

２０１０年度の医療費は36兆６０００億円ということでした。

ちなみに２００７年の医療費は、34兆１３６０億円でしたから、およそ1兆円近い額が毎年増えていることになります。これはたいへん由々しき事態です。

中学生の生活習慣病予防プログラム

信大の医師ら作成へ

健診や食事面を提言 6日には公開講座

生活習慣病

高校生4割 予備軍

10～20代での対策重要

厚労省調査

TV長時間→高血圧

ですから本来は、真剣に「医療費を下げること」を考えなければなりません。

しかし、現在、厚生労働省も国も消費税を上げることしか考えていないように見えます。消費税を上げて補うことしか考えていないのです。

関西にも私が訪ねる市町村があり、なかには医療費が赤字になってしまい、一般会計で補てんしているために、財政がたいへん苦しくなってきている市があります。

市長さんが半ば冗談交じりですが、このままでは〝第二の夕張〟になってしまうと言っていました。

国だけでなく、多くの市町村においても、値上げすることしか考えていないように見えます。

コラム　どこまで増える!?　破綻への道をひた走る国民医療費の実態

国民の医療費は、恐ろしいほど上がり続けています。

厚生労働省が発表している国民医療費のデータによると、平成19（2007）年度の国民医療費は、34兆1360億円で、前年度の33兆1276億円と比較して3％増加しています。また、1人当たりの国民医療費は26万7200円で、これも前年度の25万9300円に比べ、3％増加しています。さらに国民医療費の国民所得に対する比率は9・11％であり、率も上昇しています。

また、統計にはまだ掲載されていませんが、2011年9月29日の『読売新聞』（YOMIURI ONLINE）によると、厚生労働省発表の平成21（2009）年度の国民医療費は前年度比3・4％増の36兆67億円となり、3年連続で過去最高を更新したということです。国民所得に占める割合もやはり増え続けており、10・61％で1割を超えています。

この記事では、医療費が膨らむ要因は「高齢化の進展と医療の高度化」とされています。国民1人当たりの医療費も前年度比3・6％増の28万2400円で、過去最高となっています。

要するに「最高」を更新し続けているわけで、厚生労働省によると、国民医療費は今後も伸び続けることが予想されています。

すなわち２０１５年度には約45兆円、２０２５年度は約60兆円に達するという推計もあるということです。

厚生労働省発表のデータに戻ると、昭和29（１９５４）年は国民医療費が２１５２億円でしたから、平成19年度に、およそ１６０倍近くに膨れあがっています。ちなみに昭和29年当時は、もちろん国民所得も低かったのですが、１人当たりの医療費はわずか２４００円でした。

国民所得が現在よりも高かった平成９（１９９７）年を振り返ると、国民所得３８１兆９９８９億円に対して、国民医療費は28兆９１４９億円、１人当たり22万９２００円です。数字ばかり並べても分かりにくいのです

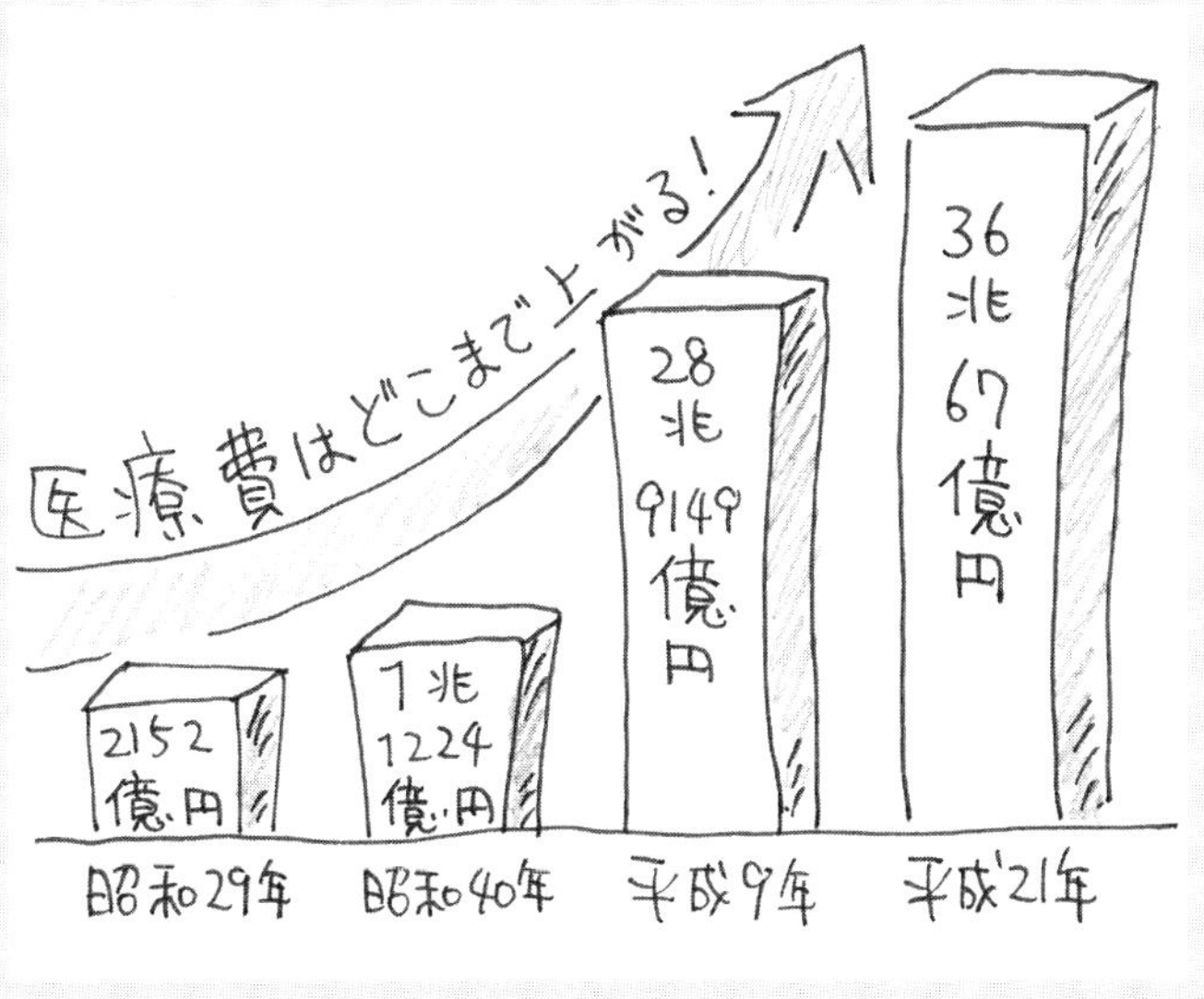

が、要は医療費が上昇一方であり、しかも所得に対して医療費の占める率がいまも上昇中、という恐るべき事実です。

これを家庭で考えてみると、理解しやすいでしょう。収入は増えていないのに医療費が毎月どんどん上がり続け、支出に占める医療費の割合が継続的に高くなったら、主婦は悲鳴を上げるでしょう。そして、家族が病院にかかるより先に、健康生活に気をつけたいと思うことでしょう。

そのためには全般的な生活習慣の見直しが大切ですが、何よりも「食生活」に留意するべきではないでしょうか。医療費を払うために金策に走るよりも、健康になることのほうが先決です。

崩壊が目に見えている年金制度

もう１つの問題は年金です。

なぜ年金制度に課題があるかというと、１つには人口の比率などからくる難しさがあります。

たとえば、２０１０年度末（平成22年）の、１号と３号の加入者は、２９４２万８千人で、受給者は、２８３４万3千人です。その差は、１０８万5千人です。これではとても年金の維持ができません。

今は年金貯金の取り崩しでしのいでいますが、この貯金も底をつくのが見えています（２号は、勤務先で給与から引かれます）。

さらにあと2、3年経てば、団塊の世代の皆さんの２００万人、３００万人の人たちが年金の受給者になってきます。やがて受給者の受給額を、支払者が補うことが不可能になる可能性があります。

これに対して、国はどう考えているでしょうか？　いわゆる受給年齢を段階的に65歳から68～70歳に移行するという案も浮上しています。しかし、70歳ではもはや寿命に近くなり、年金を払っておいて1銭ももらわないであの世へ行ってしまう、などというケースもありえるのです。これは冗談ではない事態です。

さらにもう1つのおかしな点として、国は「年金の支払い額の値上げ」を検討しています。つまり、加入者の年金の支払い額を上げ、それによって帳尻を合わせることしか考えていないのです。

しかし、大切なことは、そんなことではありません。健康で無理なく年金を払えるように、まずは日本人の心身両方の健康生活を、国を挙げて真摯《しんし》に考えることではないでしょうか。

前述したように、高校生という若さで40％超の人たちが、すでに生活習慣病予備軍となっています。彼らは20、30歳になると、そんな若さで心臓病や脳疾患やガンになっていく可能性もあるわけです。

その前に、若い人を病気にさせない努力が重要です。

若い人を、まず健康な体にしていこうという努力が、国の為政者にも、県や市町村にも、なかなか見えてこないことに私は焦りを感じています。

勇気を持って医療費削減に取り組む町

先日、東海地方のある観光都市に講演のために招待されました。

この町は全国でも有数の観光都市ですが、講演が終わったあとに、町長さんが率直に話してくれました。

彼が言うには、その町は国民健康保険が赤字になり、一般会計で補てんしているけれど、そのために財政が苦しいそうです。そこで値上げを提案したところ、町民から反対されました。

「好きなものを食べたい放題に食べて暮らして病気になった人の医療費を、なぜ、健康を考えて努力している人が補わなければならないのか！」というのが反対理由でした。

　そういう声が上がり、たしかにその通りでもあり、結局は値上げできなかったそうです。観光地で「食」に関係する町民も多く、「食と健康」への関心が高かったと思います。

　町長さんはその件で頭をいためていた直中《ただなか》に、私の講演を聞いて「自分の考えは間違っていた」と、話してくれました。赤字になれば値上げすることしか考えていなかったと言

います。

そこで今後は、町民の心と体の健康を考え、病気にならないように工夫し、医療費の削減と、年金もきちんと納められるような体制作りを図るそうです。講演を聞いて、「本当に今日は肝に銘じることができた」と言ってくださいました。

この町長さんは現実を直視し、柔軟な対応力が高い方だと思いました。

食を変えることで子どもが変わり、大人が変わり、町の犯罪件数が半分に！

極端な例かもしれませんが、ある大学病院の外科医師から聞いた話です。小学校1年生のある女の子が、子宮ガンになり、手術をしたそうです。その子の食生活は、ほとんどインスタント食品で、栄養の偏《かたよ》りや、化学物質の保存料、調味料の入った食事だったとのことです。

やはり、どうしても食の問題が大きいのです。この食の問題は、結局は心と体を蝕《むしば》んでいきます。

私のいる真田町ではその後、少年の犯罪は激減し、大人の犯罪もかなり減少しました。

成人の犯罪件数が、平成13、14年ごろのピーク時で１４０件以上あったものが、近ごろは半分くらいになっています。

その原因を考えると、第一には、子どものころにしっかり自己抑制ができると、大人になってからも犯罪を起こしません。

子どものころの学校環境の影響は、非常に大きいと思われます。

もう１つは、学校で親子を対象とした「食のフォーラム」などを開催し、その積み重ねによって食に関する親の認識が変わったということでしょう。

子どもたちが「うちの母さんの、料理が変わった！」と言うのです。

家庭で作る料理の食材も変わったし、時

間をかけて作るようになったし、そもそもインスタント食品など、あまり買わなくなったというのです。

大人自身の食生活が変わってきたことと、犯罪の減少は、大きくかかわっていると考えられます。

第四章　改善のカギは食べ物と教育環境にあった⁉

……謎の青少年事件が起きるワケ

驚くべき凶悪犯罪の「共通点」

青少年が、食べている物の影響で生活習慣病の予備軍になっているということは、これまで述べてきた通りです。しかし、さらにもっと恐ろしい事実があります。

私がいろいろなデータから分析したところ、凶悪事件を起こした子どもたちには、〝一定の共通点〟ともいえるものが見えてきたのです。どういう生活をして、どんなものを食べていたか、その学校はどんな環境であったか……。そこには、驚くべき「共通点」があったのです。

私が着目した事件には、その事件が起きる原因が普通に考えても分からないし不可解だ、という特徴がありました。率直に言って「なぜ、そんな事件を起こすのか、とても理解できない」ということです。この章では、実例を挙げて紹介したいと思います。

私は子どもの凶悪犯罪やいじめで自殺が起こると、北海道から沖縄まで、それぞれ2、3回、多いときには5回くらい訪ねて、その犯罪の原因となったものを調べてきました。

一定の期間を置いて、2、3度訪ねてみると、1度目では見えてこないことが見えてくることがあるからです。

真田町のA小学校（本文 33 ページ）

真田町のA小学校（本文 33 ページ）

生徒が自分から勉強するようになった真田町のＢ小学校（本文 38 ページ）

不登校が激減した真田町のＢ小学校（本文 38 ページ）

子どもたちだけで自主的に花を育てた真田町のＥ中学校（本文 38 ページ）

「板橋両親殺害事件」の少年の通った中学校の玄関（本文 104 ページ）

「奈良医師宅放火殺人事件」の少年の通った高校の校門から昇降口を望む
（本文 106 ページ）

「会津若松母親殺害事件」の少年の卒業した中学校。彼が卒業したときは全校生徒 40 名。平成 19 年度は 25 名。学校は廃校かと思えた（本文 109 ページ）

その結果、見えてきた共通点は、１つには「肉をたくさん食べている」ということです。そして、概してその家庭は経済的に豊かです。家庭が豊かだから肉を食べるとも言えそうです。

そういう食生活では血をきれいにさらさらにするカルシウム、マグネシウム、亜鉛、鉄などが不足します。肉の脂肪の取り過ぎで、血がどろどろになっていて、脳に十分な酸素が供給されていません。だから、人間としての判断力が非常に低下しています。

さらに、凶悪犯罪を起こした青少年を精神鑑定すると、およそ「広汎性《こうはんせい》発達障がい」と名づけられがちです。しかし、私に言わせてもらうとそれは、理由があって脳が悪影響を受けているのであり、脳の機能が壊れているということです。

犯罪心理の分析は専門家に委《ゆだ》ねますが、発達障がいという名前のゆえに、かえって要因が曖昧《あいまい》になっている面もあるのではないでしょうか。

また、もう1つ彼らの共通点は、学力が高いという傾向です。

そして、訪ねた学校に見える共通点は「花が一輪も咲いていない」ということでした。ほとんどの場合、学校には潤いがなく、殺伐《さつばつ》としています。たしかに家庭にも問題があったかもしれませんが、学校が楽しいところで潤いにあふれていたら、人を殺すほどの事件にいたるだろうか、と思います。不思議なほどに枯れた、あるいは無機質な学校の姿を見るたびに、心が痛みました。

「佐世保小6女児同級生殺害事件」

平成16（2004）年の6月に、長崎の佐世保で「佐世保小6女児同級生殺害事件」が起きました。小学校6年生の女の子が、同じ6年生の女の子に、4時間目終了後に学習室においてカッターナイフでメッタ刺しに刺され、殺されたという事件です。

この地域は、西海国立公園で九十九島が一望に眺められる、素晴らしい景観の観光地をひかえています。小学校は、その地域は概して大きな家が多いため、広い敷地をかかえた高級住宅地に囲まれていました。

少女が同級生を刺した動機は、インターネットでのやり取りで悪口を言われたから、ということです。それだけで同級生を殺したというのが、たいへん不思議で納得がいかないのですが……。

刺したほうの少女の食生活は、どうも肉類が多かったようです。

そして問題はこの学校です。子どもは、インターネットに集中していたということですが、学校のグラウンドには鉄棒はあるがジャングルジムも、シーソーもブランコもありませんでした。タイヤを埋めた馬跳びもないし、

何もないのです。あるのは、幼稚園で使うような小さな滑り台が1つだけ。

それから屋上を見ると、プールがあって遊び場になってはいるのですが、花も咲いていないし、とにかく何もありません。職員玄関にも花はありませんでした。通用門にも校門にも、花は一輪として咲いていません。

本来は、6月の長崎といえば花が一面に咲いていて、美しいのです。ところがこの小学校は、じつに寒々としていました。子どもたちの心を癒やし、心に潤いを与えるものがありません。命を大切にするものが見えてこないのです。子どもが、エネルギーを発散させるような運動用具がまるでありません。そういう中で、子どもたちはインターネット中心の人間関係になり、そのやり取りの結果が、殺人事件につながったと考えられます。

「板橋両親殺害事件」

平成17（2005）年6月に、東京の板橋区成増で「板橋両親殺害事件」が起きました。共同社員寮の管理人をしていた40代の両親を、高校1年生の男子生徒が鈍器と刃物で殺害し、さらに証拠隠滅《いんめつ》のためガス爆発を起こしたのです。

しかも事件後、本人はなぜか温泉に入ろうと、群馬県の草津温泉に行っているところを逮捕されました。寮の周囲は静かな住宅地で、特に高級ということではありませんが、ともかく閑静な住宅街の寮で起きた事件でした。

事件の背景を考えると、男子生徒の学力は上位でした。父親から「勉強しろ」と言われて育ち、強制的に手伝いもさせられることに反発していたようです。

しかし、親をウザイからといって、殺してしまうというのは、高校生にしてはほとんど判断力がない状態と言えます。

生徒は中学校を卒業したばかりですが、この生徒の通っていた中学校は桜の木が学校を取り巻いていて、外から見ると素晴らしい環

境の学校でした。

しかし、玄関のところに何年か前の、おそらく5、6年も放置されていたような植木鉢が捨ててあり、草がボサボサに生えていました。外観は素晴らしいけれど、校内には花がまるでないのです。心が殺伐となる、寒々とした感じの学校でした。

「奈良医師宅放火殺人事件」

次に紹介するのは、平成18（2006）年の6月に奈良の田原本町というところで起きた「医師宅放火殺人事件」です。中学を卒業し、奈良県の、関西でも有数の私立高校に入ったばかりの男の子が、医者である母親と、弟と妹を焼き殺しました。父親も医者で隣県に通っていました。

高校は有名な進学校で、東大や京大に生徒の半分近くが現役合格するといわれる優秀校。そこに、さらにトップクラスの成績で入学した生徒でした。テストの成績はたいへん優れているけれど、こんな殺人を起こすのですから、人間的には大変な状態になっていたと言えるでしょう。

なぜ、彼が母親と弟、妹を殺したかというと、直接のきっかけは、その翌日が高校の懇談会だったからと言われています。

高校へ入って最初の試験で英語の点数が下がってしまい、翌日の懇談会でそれを母親に知られるのがいやで、だから母親を殺したのです。そうすれば懇談会が中止になるだろう、という普通なら考えられない動機です。

この男子生徒も、食生活は焼肉が多かったようですし、家庭にも複雑な事情があったようです。

そして、注目したいのは、通っていた学校のようすです。

私は3回ほど、この学校に行きました。どう見ても学校というより、どこかのＩＴ企業

か製薬会社かと思うような校舎でした。

妙にきれいな、それでいて潤いのない無機的な雰囲気で、学校としての心豊かなゆとりが感じられません。

どこを見ても花は見当たりませんでしたし、心を癒やすものが、学校にはないようでした。

この学校を知る関係者、3人に聞きました。

先生方に会って聞く内容は「いかに多く点数を取るか」の話ばかりで、人間力を育てる話を聞いたことがないと言うのです。

学校ですから、学力をつけることは、大きな目標です。しかし、この学力の中には、単に点を取るだけでなく、人間性の向上も含まれているのです。残念ながら高い点数を取る人が、優秀な人間だと錯覚しているようです。

「優秀」の言葉をあえて使えば、この生徒も優秀な高校に優秀な成績で入学したけれど、本人の心は、枯れてしまった状態だったと言えるでしょう。

「会津若松母親殺害事件」

次は平成19（2007）年5月に、福島県の会津若松市で県立高校3年生の男子生徒が母親を殺害した「会津若松母親殺害事件」です。母親の首を切断し、腕も切り取って植木鉢に挿《さ》し、首はショルダーバッグに入れて持ち歩いて、インターネットカフェで1夜を過ごしています。

この少年も、中学時代はトップだったと言われています。地元は、大川があってV字谷になっており、谷のゆえに水田も畑も少なく人口の少ない町ですが、少年の家庭は両親とも地元の職員のような立場で勤めていました。それで2人分の給与収入があり、お金のある家庭でした。

私はその地元で、少年の祖父にお会いして話を伺いました。お爺さんは、愛情のある素晴らしい方だと思いましたが、事件については原因が分からないと言っておられました。

殺害された母親である嫁に、「肉ばかりでなく、魚や野菜をもっと食べさせたらいい」と言ったけれど「子どもたちは成長盛りだから、本人も好きだから、肉がいい」と、肉が中心の食事だったようです。

現金収入が多いと、どうしても肉が中心になると私は考えています。それで少年の前頭葉などの脳の機能が、きちんと果たされていなかった、と言えるかもしれません。

さらに、少年の通っていた中学校は草だらけで、荒れていて、ここは廃校なのかと思いました。事件が起きたのが5月15日で、私は17日の朝8時に学校に行ったのですが、私が行ってから続々と、報道陣が集まってきました。それでマスコミ関係者のみなさんが「この学校は、廃校ですか？」と、私に聞くのです。

あの緑豊かな初夏のはずの時期に、学校のグラウンドは草だらけで、玄関も殺伐として、これでは誇張ではなくてまるで廃校のようでした。学校がこれでは学校にも本人にも、とても心の潤いはなかったことでしょう。

建物が古い、新しいの問題ではないのです。問題は、学校が子どもたちの心を癒やす環境になっているかどうかなのです。

「秋葉原通り魔、荒川沖駅通り魔、元厚生事務次官宅連続襲撃事件」

平成20（2008）年6月に、いわゆる「秋葉原通り魔事件」が起き17人の死傷者が出ました。犯人は学力はトップクラスであり、青森県の代表的な進学校の出身で、トヨタの関連工場で働いていました。

重大な凶悪事件ですが、原因が不明という以上にどうにも不可解で、私は彼に親しかった友人を訪ねて話を聞きました。

それによると、友人が彼の住まいを訪ねると、大きなゴミ袋が3つ置いてあって、その中身はほとんどコンビニ弁当のカラだったというのです。

彼はネットの掲示板に頻繁に書き込んでいたことも知られており、書き込みには「仕事の帰りにコンビニ弁当を買って帰り、それを肴《さかな》に酒を飲む」という内容だったそうです。

さらに第1回の公判では「なぜ、この事件

を起こそうとしたのか、記憶にない」とも言っています。

同じ平成20（２００８）年3月には、茨城県の「JR荒川沖駅通り魔事件」も起きています。犯人の家庭は父親が外務省に勤めており、彼の高校時代の成績はトップクラスだったとのことです。

JRの荒川沖駅付近はのどかな田園地帯でした。3月には麦が伸び、大根も太くなって出荷しているという、じつに目にうるわしい地域です。

こんなところでなぜ？　という事件でしたが、近所の人の話では、彼は高校のころから、コンビニ弁当を買ってきて自分の部屋で食べていたということです。それが事実なら、脂と肉にまみれていた生活、ということになるかもしれません。

同じく平成20（２００８）年11月には「元厚生事務次官宅連続襲撃事件」が起きました。犯人は山口県の柳井市出身で、当時46歳。彼は子どものころから成績は優秀で、国立大学の理工学部を中退しています。

私は、事件当時に彼が住んでいたところを訪ねましたが、大宮市の鉄道博物館から3キロほど行った静かな住宅地のアパートでした。近所の人の話を聞くと週に1度くらい犯人が、近くの量販店で大量のカップラーメンを購入してくる姿が、目撃されていました。

「秋田児童連続殺害事件」

平成18（2006）年に、秋田県のぶな原生林である白神山地の、のどかな町で起きた「秋田児童連続殺害事件」も何かと不可解でした。

9歳の娘を橋の欄干《らんかん》から突き落とし、小学校に入学したばかりの近所の男の子をも殺害した犯人の女性は、料理はほとんどしなかったと言われています。

私も現地を訪ねましたが、近所の人や同級生に聞くと、女性は食事も作らないような状態で、子どもにもひたすらコンビニ弁当やカップラーメンを与えていたそうです。

事件について裁判で、本人は「娘の体臭が嫌いだったので、手を放した」と言っています。まったく理解できない理由です。人間としての正常機能が損なわれ、人間らしさを失っていたと言えそうです。

「神戸連続児童殺傷事件――酒鬼薔薇聖斗《さかきばらせいと》」

最後に、すでに15年前の話になりますが、「神戸連続児童殺傷事件」の自称、酒鬼薔薇聖斗について付け加えます。

平成9（1997）年、神戸市須磨区で複数の小学生が殺傷されました。さらに声明文、挑戦状などが公開され、事件の特異性や暴力性においても衝撃的な犯行でした。

酒鬼薔薇の住んでいた地域は、1軒あたりの敷地の広い、大きな家が並んでいる高級住宅地です。彼の家も大きく、経済的にも恵まれていました。だから、塾も2カ所へ行き、学力もトップクラスです。

近所のみなさんの話では「お父さんは一流企業に勤めている穏やかな方で、お母さんは非常に教育熱心だった。肉を食べれば元気が出て頑張って勉強するということで、肉料理が多かったようです」とおっしゃっていました。

問題は被害者の子どもの首を置いた、彼の通っていた中学校のようすですが、行ってみると校門から6、7メートルのところに3段の台に6個のプランターがあり、前の年のものので花が枯れて草が生えていました。毎日、生徒はここを通っており、プランターはおそらく花が枯れてから7、8カ月も経っているのに放置されたままです。事件が5月24日に起きて、彼が逮捕されたのは6月28日。

私が行ったのは7月4日で、およそ事件から40日が経っており、これだけの大事件が起きたのに、だれも片付けていないのは不思議でした。

この学校にも、花は咲いていませんでした。

コラム　犯罪と「食べ物」の微妙な関係

青少年犯罪には、もちろん安易な〝正解〟はないと思われます。

『なぜ「少年」は犯罪に走ったのか』の著者、碓井真史《うすいまふみ》氏によると、子どもが問題を起こすと、子育ての問題や学校の問題が指摘されがちであるけれど、脳の異常は決して看過できないといいます。

殺人者の半分には脳の異常が発見されるという指摘もあります。脳は謎に満ちた複雑な臓器だから、日常生活は普通に送る能力はあっても、一方で犯罪行為を起こすというケースがいくつも紹介されています。

ところで、バランスの良い栄養によって体全体の細胞が保たれるのと同様に、脳細胞も当然ながら十分な栄養を必要としています。

もしも脳にダメージを与えるような食生活を続けているとしたら、精神障がいを引き起こす場合もあります。

たとえば糖尿病ではなく普通に健康と思われている人でも、大量の砂糖を摂り続けると「低血糖症」を起こし、震えやけいれん、意識障がいなどの症状を見せることがあります。

低血糖症は、じつは珍しくないのにあまり知られていません。しかも罹《かか》っている本人が気づかないという難点があります。

低血糖症になると、血糖値を上げるためにアドレナリンが分泌されますが、アドレナリンとは「攻撃ホルモン」と呼ばれる厄介な存在。敵意や怒りといった攻撃性が刺激されます。

さらに面倒なのは、低血糖症になるとアドレナリンとは反対のノルアドレナリンもまた、分泌されることです。

過剰なノルアドレナリンは不安や恐れを誘発し、強迫観念が引き出されたり、自殺を考えたりするようになります。理性的な判断ができなくなると言われています。

大量の砂糖を摂るといっても、砂糖そのものをたくさん摂る人はいないでしょう。小麦粉なども過度に精白されると炭水化物として摂取されますし、お酒や、砂糖たっぷりの加工食品も低血糖症を引き起こします。

また栄養学の観点からは、ビタミンB群やマグネシウムの不足からイライラして興奮し、情緒が不安定になることが指摘されています。

スナック菓子やカップ麺に多く含まれるリンが、体に必要なマグネシウムを消耗してしまうことも、ご存じの通りです。

さらに、そば粉や卵のアレルギーのような食品アレルギーはよく知られていますが、脳にも「脳アレルギー」があります。

牛乳や卵、石油系の化学物質等によって恐れや興奮、怒りといった感情の異常が見られることが指摘されています。

脳アレルギーのアレルゲンとして、食品添加物や乳製品、肉類、チョコレートなどの嗜好品《しこう》が注目されますが、これらについての研究は、まだまだ広く認知されてはいません。

このように日々の「食べ物」は、脳を健全に育てるうえであまりにも重要です。

さらに加えて、キレない脳を育てるためには、「家族の笑顔」が最も大切だという助言もあります。

心療内科医の菊川《きくがわ》豪《つよし》氏によると、キレない脳を育てるためには「親や家族の自然で豊かな笑顔をたくさん見る機会があること」が重要といいます（『心がもっと軽くなる』菊川豪著）。

さらに、自然の中で人と触れ合う体験をたくさん持つことも大切で、それらによって思いやりや温かさが育まれるということです。

脳は18歳くらいまでは育っていきますから、多少のトラブルがあったとしても慌てずに、じっくり子どもと向き合っていく姿勢こそ、基本となるのかもしれません。

第五章　「食と潤い」で企業も驚くほど変わる

社員食堂で無農薬栽培のお米や野菜を提供

前述したように私は現在、アドバイザーとして講演や相談などをさせていただいています。そこで経営者協会や経済同友会、中小企業同友会、会社、倫理法人会などでお話をする機会があり、多くの経営者の方々と知り合うことができました。

中でも特に、社員の「食の改革」に取り組んで成果があらわれてきた「株式会社コロナ」についてご紹介したいと思います。

株式会社コロナは、石油ストーブやエアコン、エコキュートなどを作っている社員数約2000人の優良企業で、新潟県の三条市に本社があります。はじめて社長の内田力《つとむ》氏にお会いしたのは5、6年前のことで、内田氏は社員がしばしば健康を害して病気になることに心を痛めていました。

そこでいろいろと話をさせていただいたところ、問題は「食」にあるのではないかと、社長も考えるようになりました。

社員が朝食を摂らずに出勤し、社員食堂で日本そばや中華そばを食べる。そして夕食はカレー、焼き肉が多い。それでは体にいいはずがありません。そこで、先述のような真田町方式の食事を紹介しました。

つまりできるだけ地産地消で、無農薬、低農薬の食材を使った食事を出すようにしました。

また、社員のみなさんにも、私がそのような食事を勧めるにいたった経緯など、それまで考えてきたことをお話しさせてもらいました。

それからコロナではさまざまな食の改革に取り組みました。

社員食堂のお米も徐々に無農薬のお米に変わり、現在では社員もみな明るくなり、やる気にあふれ、生産性が向上してきているとのことです。

社員食堂でより安心なお米を使うために、休耕田や高齢者の方の水田を集めて、無農薬有機栽培による米作りも行っています。

さらに、米ばかりでなく、野菜についても同様に無農薬、低農薬のものを用いています。しかも、コロナでは社員の健康はもちろんですが、社員が安心して働けるために、その恩恵を家族にも広げたいと考えています。２０１１年から、安心安全な米や野菜を各々の社員の家庭にも供給する体制を作り始めました。社員とその家族の心と体の健康を、真剣に考えていると言えるでしょう。

会社というのは、単に社員を叱咤《しった》激励するだけなく、社員が自発的に仕事に取り組み、創造性を発揮できるような仕組みにしなければ、経営効果が上がらないと思います。現在のコロナは、社員の１人ひとりが、いかにして健康で最大限に能力を発揮できるかを考えている証《あかし》だと思います。

花は人の心を動かす

コロナでもう１つ、特筆すべきことは、３年前から、全国の支店や営業所も参加した「花いっぱい運動（花じまん）」が成功したことです。

製造の現場では、上位下達的で、重苦しくなりがちです。コロナの花作りは、職場ごとに花壇を設計しています。

設計や花作りのときは、喧々囂々《けんけんごうごう》と意見が出ます。意見を出したからには協力し合い、本気で取り組んでいます。役職や年齢を超えて、職場のコミュニケーションが深まり、人間関係が円滑になったそうです。花の美しさによって、心が和み潤い、働く意欲が高まっているとのことです。

花というのは、やはり不思議なパワーがあると思います。コロナに限らず花を取り入れたところでは、お店でもスーパーでも、何かと反響があるようです。

東北地方のあるスーパーでの話ですが、6歳くらいの男の子どもを連れたお母さんが「店長さんいますか」とやってきたそうです。

いつもは、家から300メートルくらいの近所のスーパーで買っていたのに、子どもがどうしても「あっちのスーパーに行こう」と言うとのこと。なぜかと聞くと「お花がきれいだから！」と答えたというのです。

そこはそのお母さんの家から4キロくらい離れているスーパーですが、そんなことも起きてきます。

そのスーパーでは、来るお客さんに、ちょうどよい角度で花が見えるように工夫していました。プランターを置く位置1つとっても、高すぎないように低すぎないように、細心の注意を払って美しく置いていました。そんな心遣いが、小さい子にも伝わったということでしょう。

アメリカでもハンバーガーの高カロリー給食追放運動

ちなみに、アメリカでもご存じのように生活習慣病は大きな問題になっています。そして、何とか対策しようという動きもまた、大きな〝うねり〟になっているようです。

2011年の2月には、オバマ大統領夫人のミシェルさんが、ハンバーガーの高カロリー給食の追放運動に立ちあがりました。

生活習慣病に陥る原因は、いろいろあっても、ともかく高カロリーのハンバーガーに象徴されていると考えたわけです。

たしかに、こういうものばかり食べていたら、カルシウムやマグネシウムなどを、まったく摂ることができませんし、野菜のビタミン類も不足してしまいます。そこで、アメリカでは、学校給食や会社の給食において、もしハンバーガー類を止めて魚や野菜を使う低カロリー給食に変える場合には、補助金を出すということにしました。

「さらば、高カロリー給食」というネーミングです。これは画期的なことで、日本でもそういう政治家が出てくることを期待したいものです。

またアメリカでは同じ２０１１年2月に、消費者団体と公益科学センターがコーラに使用されている着色料の使用禁止を求める請願書をアメリカの食品医薬品局（ＦＤＡ）に提出しています。

コーラのあの独特な色と味を生み出しているカラメル色素が、発ガン性が高いということを消費者団体などが突き止め、アメリカのＦＤＡに訴えたというわけです。ＦＤＡは、日本でいえば厚生労働省のような機関に所属し、食品関係の権限を握っています。

これらの動きを見ると、アメリカもなかなかやるではないか、という印象です。

さらに２０１１年９月のニュースでも、アメリカの大手外食産業が、今後10年間で塩分とカロリーを２割減らす計画を発表し、ミシェル夫人も絶賛していることが報道されました。

考えてみると、大人も子どもも、国が違っても、人間はみな同じです。非行犯罪を何とか減らし、病気になる子どもも大人も、減らしていきたいものです。

特別取材　食と花で社員に健康を　株式会社コロナ　代表取締役社長　内田力

・「日本の食」への危惧

大塚先生との出会いは、5年前に倫理法人会の講演会でお話を聞いたのがきっかけでした。生徒の荒れる大きな原因の1つが食にあったということ、給食をパンでなくご飯を主食にしておかずを魚や野菜中心の和食に変えた結果、非行がなくなり成績が向上したということなどをお聞きして、大きな刺激を受けました。

私がそもそも環境問題や食の問題に関心を持ち、危機感を抱き始めたのは、30数年前にレイチェル・カーソン（1907～1964年）の『沈黙の春』を読んだときからでした。

彼女はこの著書で、アメリカ合衆国の農薬で利用されている化学物質の危険性を取り上げています。この本は、環境保護運動の先駆けになったものです。

私たち日本人は、その後、危険な環境や食にすっかり取り囲まれてしまいました。どういう問題かというと、1つには、日本に輸入される農産物に施される殺虫剤や農薬の問題（ポストハーベスト）です。また、戦後アメリカが日本に浸透させた学校給食におけるパン食や脱脂粉乳の問題もありました。

さらにファーストフードを中心とした食文化の変化による体力低下や、生活習慣病の問題もあります。加えて大量生産や長期保存のために用いられる「防腐剤」・「殺菌剤」や「添加物」の危険性などなど……。じつに、挙げればきりがないほど、私たち日本人は危険な環境や食に取り囲まれてしまいました。

・無農薬米を生産し美味《おい》しい食事を社員食堂で提供

このような食の環境に危機感を抱いているころ、大塚先生のお話を聞いて、私はまずご飯の重要性を再認識したわけです。食を変えて子どもが変わるのなら、大人にもいいはずだと思い、すぐに弊社にも導入しようと考えました。

それで取り組んだのが、まず社員食堂のご飯を無農薬のお米にすることです。日本人にとって食のメインはお米ですから、ちゃんとしたお米を食べていれば健康は維持されると考えました。

ちょうど運のいいことに「自然微生物農法」の研究者と、私は知り合いでした。そこで、その方法で無農薬、無化学肥料、有機栽培のお米を作ることにしました。4年前の秋のことです。農地は三条市の農家から3年契約で2・9ヘクタールを借りました。「自然微生物農法」の1つは発酵微生物を含んだ「土壌改良液」です。「土壌改良液」で地元の土壌に生息する微生物を培養し、微生物のエサとなる有機物とともに土壌に散布し、土壌改良をしました。

もう1つは「葉面散布液」です。これで光合成を行う微生物を培養し、稲の成長段階で3回ほど直接噴霧して光合成を促進し、生育を促しました。

この農法は、作物の根源である土壌の地力を回復し、農薬などで毒化された土壌を浄化します。

優れた土壌によって、安全でしかも美味しい作物を作る土台ができるわけです。この農法で育ったお米からは、たった1年の取り組みで、農薬200項目の検査すべてが農薬不検出という驚くべき結果でした。微生物の働きのすごさを実感したものです。

弊社の社員食堂は三条市、柏崎市、妙高市の3つの工場にあり、約1600人が利用しています。年間に消費するお米の量は、約14・4トンにもなります。

株式会社コロナの社員による
花いっぱい運動の活動

コロナの社員食堂

自然微生物法による農作業

したがって、それを賄《まかな》うには本格的に農業をやらないといけません。そこで平成21年4月、子会社に農業事業部を立ち上げてスタートしました。

田植えや草取りなどの作業はシルバー人材センターなどに委託し、農業機械も近くの農家から借りました。また、地元の小学生が農業体験で参加してくれました。

その結果、初年度は6・3トンの米を収穫することができました。それでも社員食堂の1年分には足りません。また、3年間続けても生産量はまだ十分ではありませんでした。さらに水の管理や、害虫対策などさまざまな課題も見つかり、それを解決しながらの栽培ですから、時間はかかると考えています。

無農薬米の栽培を始めたのは、従業員やその家族の健康管理を願ってのことです。当面は社員食堂のお米をすべて『コロナ米』にすることが目標ですが、将来的には社員食堂に供給するだけでなく、全国の従業員約2000人と、その家族や取引先、また一般販売などでもお届けできる生産体制を作りたいと思っています。さらに、野菜の生産も視野に入れています。

採算面を考えると社員食堂のお米は、購入したほうが安いのです。しかし、「いい食事を摂って健康になり、いい仕事ができる。そして、農薬や化学肥料を使わずに同僚が作ったコシヒカリを食べる喜びをかみしめる」ことができるのですから、お金には代えられないことです。

また後継者不足のため、多くの田んぼは耕作放棄のような状態ですから、そんな農家から農地を貸したいという依頼もあり宮城県角田市の農家から24ヘクタール借りて耕作しています。つまり、社員の健康管理ばかりではなく、地元にも貢献できる可能性があると考えています。

・花いっぱい運動

大塚先生の活動で、花作り、花壇作りで校内の非行や万引きなどがなくなり、成績も優秀になったお話を聞き大きな衝撃を受けました。

会社にはやはり「潤い」が大切です。そこで、全国の支店・営業所も含めてみんなで花を育てようという運動を提案しました。

支店・営業所によって、生育環境はさまざまです。庭に土を運んで、花が育つように土作りをする工場もあれば、プランターで店先に花を育てる営業所もあります。また、花の種類も、それぞれに任せています。

たとえば三条の工場では、ゴーヤを育てて怪獣の形にして、小学校に登下校する子どもたちに人気でした。また、本社、三条工場、合同事務所で用いたのは、障がいを持った方々が三条市下田地区で育てた苗です。その後の「コロナフェア」では、育てた花の即売会をして、地域との交流も生まれています。

主な作業として、夏の花への植え替えと、秋には翌春に向けての植え替えを行います。その他、水やり、草取りなどは自発的に多くの社員が集まって作業をするようになりました。そういう場では、会社の仕事では交流のない社員同士が交流の機会を持ったり、普段は事務の仕事ばかりの人が体を動かしたりします。また、各支店や営業所では責任者が率先して作業に参加し、みんなのコミュニケーションが盛んになっています。

また、年に2、3回、育てた花の写真をA3版などにまとめ、社内LANなどを使った写真集の情報発信を行っています。

・コロナのアクアエア事業への取り組み

当社は70年を超える歴史があります。

石油ストーブなどの暖房機器をはじめとして、エアコンや除湿機などの空調機器、エコキュートや石油給湯機などの住宅設備機器の製造・販売を通して、多くのお客様に愛されてきました。昨今は、環境への意識の高まりと、私自身の人生哲学にもなってきた健康志向もあり、創業70周年以降は特に「水と空気の融合」をテーマに、アクアエア事業に取り組んでいます。

すなわち、水の本質を追求しています。商品としては、「ナノミストサウナ」美容健康機器「ナノリフレ」などを開発して世に送り出しています。

このような事業展開をする過程で、私は多くの人が健康を害している、あるいは不安を抱いている、ということを目の当たりにしました。ご存じのように人体は70％ほどが水でできています。

つまり、質のよい水を摂取することで、健康な体を保つことができます。

前述しましたように、無農薬米の生産に際して「自然微生物農法」における微生物の働きには、驚くべきものがあります。

微生物を探求していきますと、人の生命の存続や健康維持に、微生物が重要な役割を果たしていることに気づきました。

人体には「腸内細菌」が腸内に１００兆個も存在し、消化吸収や除菌、無毒化に貢献しています。ただし、腸内細菌には善玉菌と悪玉菌が存在し、悪玉菌が優勢になると腸内環境は悪化し、健康を害してしまいます。

　ところで、日本の伝統的な食であるみそ、しょうゆ、納豆、梅干などの漬物や酒は、みな発酵食品です。

　発酵食品は腸内微生物を善玉菌優勢にして腸内環境を改善してくれます。いまや世界でも、健康食として広がっている優良食品です。

　東日本大震災による福島第一原子力発電所の事故で、放射能問題が深刻になっています。

　ところが、先の大戦末期に広島と長崎に原爆が投下されたときに、意外な事実があったと報告されています。

　酒を一晩中飲んでいた人や、酒造りの杜氏《とうじ》、ワ

カメのみそ汁と玄米を食べていた教会のスタッフと患者などが、被爆したにもかかわらず命が助かり、しかも後遺症にもならなかったというのです。

これは発酵食品の力、微生物の力を象徴するような出来事です。

当社で注目している微生物のもう1つの働きは、健康、衛生、美容の分野で発揮されます。天然の有用微生物由来の酵素溶液から作った「天然バイオ水」には、除菌消臭効果があり、さらに抗菌・抗ウイルス効果があります。新型インフルエンザや、他の感染症の脅威にさらされている昨今「天然バイオ水」の除菌効果に注目が集まっています。さらに、この水は美肌効果も抜群です。

いずれにしても、日本の食や健康、あるいは環境問題の現状を見るにつけ暗澹《あんたん》たる思いにさせられますが、解決の糸口を探りながら地域、社会に貢献できる個人と企業でありたいと願っています。

・食は人に良いと書く

無農薬米や花いっぱい運動の導入は、社員を啓発することから始めないといけないと思いましたから、私は役員会議や社内報などで「食の問題」を繰り返し伝えてきました。日本の食への危惧、特に添加物が人体の免疫力を削ぎ、健康を蝕《むしば》んでいるということを、話しています。

防腐剤や着色料などの添加物で不自然に加工された食は、体にいいはずはありません。「食」という文字は「人」と「良」が合わさったもの、つまり「人に良い」ものが食であるということです。

本来、人間の体と心に良いものを食ととらえたわけです。食は〝命の元〟であることを忘れてはいけません。そして、人にいい食は、天地の恵みとしてこの自然が育くんでくれたものです。

自然には命があり、気（エネルギー）が流れています。自然な命のある食物をいただいていれば、おのずと体は健康になるのです。

そして、食物をいただくときには

「天地の恵みと、多くの人々の働きに感謝して、生命の元を慎んでいただきます」

という感謝の思いが大切だと思います。

日本広しと言えども、大企業でこれだけ、社員とその家族の心と体の健康を考えて取り組んでいる経営者はいるでしょうか。

生産性の向上を目指す、経営者にとってその土台作りとして、「コロナ」の取り組みは、たいへん参考になると思います。

働き盛りの30～50歳代の若い社員が、働く意欲や創造性を高める。そして何よりも病気になりません。

また、お年寄りがいつまでも元気で、「ピンピンジャンプ」して天国へ行ってもらう。このような取り組みをする企業が増えれば、医療費が年々1兆1千億円以上増額している現代日本の高齢者医療・介護保険料などの大幅な削減になり、国家財政の再建に大きく貢献すると思います。

そして何よりも、お年寄りにとっては苦しまず、家族は介護でも、本当に楽になるでしょう。

大塚　貢

第六章　まずは地元から学校給食を変える

文京区区議会議員　西村修

憧れのプロレスの世界へ……

昭和46年、私は東京の文京区、大塚に生まれ、そこで育ちまして今年40歳になります。

子どものころ、特に体力の優れた少年ではなかったのですが、高校に進んでから、昔からの憧れでありましたアントニオ猪木氏の新日本プロレスに1990年、入門しました。

猪木氏の会社に16年、その後、藤波辰爾《ふじなみたつみ》氏とプロレスの会社を作って2年間運営し、いまも現役のプロレスラーをしています。

なぜプロレスラーになったかというと、私の子どものころ、プロレスは当時の少年たちの憧れの的でした。みんなプロレスに熱狂しており、テレビを見ていないと学校の話題に

付いていけないくらいの時代で、活躍中の藤波氏が特にかっこいいと思っていました。

しかし、もっと具体的なきっかけは、バレー部に所属していた中学校時代に、本来は仲の良かったある後輩と殴り合いの喧嘩《けんか》になったことです。

胸ぐらをつかまれて負けそうになって、周囲が止めたから喧嘩は収まったものの、悔しくて悔しくて、生まれて初めて一晩中、眠れませんでした。そこで翌日、ダンベルを買ってきてプロテインも買って、筋肉をつける訓練を始めたのです。あのとき、後輩と喧嘩していなかったら、絶対に体を鍛えようとは思わなかったことでしょう。

錦城学園高等学校に入って高2のころに、レスリングスクールでプロレスの一般募集が始まりました。プロレスのスクールというのは画期的です。入ったらもうプロになるしかないのですから。そこが前述した「新日本プロレス」で、その学校に入り、卒業テストは150人のうち4人のみ合格という狭き門でした。同期には天山広吉《てんざんひろよし》などがいました。

合格したといっても、嬉《うれ》しいというより、訓練の日々は地獄のような生活でした。お腹で顔を押さえられて呼吸できなくなり、痛いというより苦痛。毎日、スクワットをして走り込んで、もう〝ランボーの映画〟のようでした。

夜逃げするメンバーもいました。さらに24時間体制の雑用があり、気が抜ける間がありません。毎日がストレスの極致で、ご飯が美味《おい》しいと思ったこともなく、1日の中でホッとするのは布団に入った瞬間と、お風呂のわずかな時間と、トイレに入ったときだけでした。

重圧のゆえに精神的にまいっていて、いま思うと笑い話のようですが、先輩から庭の水撒《ま》きをきつく命じられていたメンバーが、土砂降りの雨の中、傘をさして真剣に水を撒いていたりしました。恐怖に支配された状態で、ともかく普通の精神状態ではいられないような、厳しい世界でした。

あるメンバーは先輩から「瞬間接着剤」を買ってこいと言われ、本当は聞き取れなかったけれど恐ろしくて聞き返すことなどできないから、恐る恐る『週刊新潮』を買ってきて、またひどく怒られたりしました。

アメリカへ渡り体を大きくする

1年と2カ月ぐらい経ち、1991年の4月にいよいよデビューしました。1993年の若手のトーナメントでは準優勝し、そのご褒美《ほうび》の意味もあって海外遠征に送り出されました。

　私は痩《や》せていたので、本当はアメリカで「肉を食え」という意味もあったようです。

　日本ではちゃんこ鍋で豚肉が多かったのですが、ともかく細かったのでリングに上がると「ほそ〜い」という観客の声が聞こえました。結局、１９９３年の８月から１９９５年の10月まで海外にいました。

　渡米すると毎日、最低でも４リットルの牛乳を飲み、また毎日ステーキの１枚４５０グラムのものを少なくとも１枚か２枚食べ、ともかく体を大きくしようとしました。

　行った先はフロリダですが、フロリダではヒロ・マツダ氏のお世話になりました。また、牛乳をがぶ飲みして、ステーキ肉にかぶりつ

くことで、実際、体は大きくなり、85キロくらいだった体重がすぐに95キロになりました。

これで体力がついた、と思っていましたが、現実には風邪もひきやすいし、怪我もしやすくて、さらに精神的にも毎日イライラするような、不安定な状況でした。ただし、フロリダに行って嬉しかったことは、時間の使い方が自由になったことでした。夕陽を見ると自分に味方してくれているような気がして、嬉しい精神的なゆとりが出てきました。

プロレスの訓練はこのように厳しかったですが、いま振り返ると、現在の教育は、それに比べてだらしないくらい甘いのではないかと思うことがあります。

現状は妙に子どもたちに気を遣い過ぎているし、親や学校の先生の意見にも、ともかくみんなが気を遣い過ぎているように感じています。

ヨーロッパから帰国、そして再度の渡欧へ

さて、フロリダで体格も体力も向上しましたが、当時のアメリカでは地方での試合もほとんどありませんでした。練習はできても観客の前で試合ができないと、表現力が成長しません。

その実践の場がないなかで、１９９４年の９月には日本から帰国命令がきましたが、自分のレスリングにまだ自信が持てず、私は帰国しませんでした。

さらにフロリダにいても試合がないためニューヨークに行き、週に一度くらいの試合をこなしながら、まだ納得できずにいたところ、アントニオ猪木氏が来られました。氏が国連会議で渡米されたので会って相談したところ、ヨーロッパの道場巡りを勧められました。その間、アメリカにはおよそ２年間滞在し、１９９５年４月からヨーロッパに渡りました。

アメリカで学んだことは、ヒロ・マツダ氏から心理学も取り混ぜたような戦法を教わったことです。日本ではいわば聴衆プロレスといえるもので、気迫やインパクトなどが重視されていました。しかし、私はパワーでいけるタイプでもなかったし、みんなが聴衆プロレスをやらなくていいのではないか、と思うようになりました。

そのヒロ・マツダ氏が後に１９９９年にガンで亡くなられました。そしてマツダ氏の奥様から本を渡されたことが私の人生を変えたのです。これについては後述します。

ヨーロッパに行き、３カ月ほど経つと再び帰国命令が来ました。そこで、もはや自信があってもなくても、日本に帰国して揉《も》まれようと決心して10月に帰ってきました。

しかし、日本では泣かず飛ばず、「何とか頑張って試合を続ける」という状況でした。

そして1997年に再度、渡欧の話が来たのです。この海外遠征では、7カ月の間、毎日試合をすることができ、多くを学びました。

ガンの宣告

ところが、帰国した1998年には体調が崩れ、なぜか微熱がずっと続くようになりました。

風邪程度では休めない仕事ですから、何とか続けていましたが、ときには39度にもなり、ついに青森での試合後に立てなくなり病院に直行しました。

そのころ、お風呂に入ると足の付け根部分にしこりがあるのを見て、この固い部分は何

だろう、と思った記憶があります。しかし、まさかガンとは思いませんでした。そこで8月に1カ月間のオフがあったため、月末ごろにはじめてしっかりと診てもらいました。

触診で医師にすぐ「もしかしたら、ガンの疑いもある」と言われ、まさに青天の霹靂《へきれき》でした。当時、まだ26歳のことです。胸部レントゲンを撮り、エコーとCT検査をしましたが、そこで結果が出るのが1週間と言われると待ちきれず、即答できる病院はないか探したりしました。中にはガンではないと断言する医師もいましたが、最終的に慶応病院で「後腹膜腫瘍《しゅよう》」というガンであると診断されました。

これはリンパの付け根にできるガンで、1・5センチ程度の大きさでした。転移が早いため放射線治療をすぐに始めるように言われましたが、私は受けたくありません。大塚の「癌研究会付属病院」（現在は「がん研究会有明病院」として移転）にも行って医師と大喧嘩したし、医師は腹部の筋肉まで切って徹底的に取り除くことを勧めましたが、結局、9月に最低限の外科手術をしてもらいました。医師は納得しませんでしたが、私自身の判断で、その後は月に1度の検査を続けて経過観察を続けました。

ガンの疑いがある、と言われたときのショックはすさまじいものでした。家族や友人・知人と別れ、自分は死んでいくのかな……と悶々《もんもん》としました。その後は、人と会っても楽しくないし、夜は恐怖で眠れません。

　プロレスを引退すべきなのか、という思いが頭をよぎりましたが、最終的には、やはり復帰したいと思いました。もし無事に復帰できても、ガンに罹患《りかん》後ということで体力的に期待されないかもしれません。しかし、自分が復帰して頑張ったら、ガンで苦しんでいる人を勇気づけられるかもしれない……。延命措置優先の治療を受けるか、それともプロレスへの復帰の道を残していくか。どっちを取るかたいへん悩みました。

台湾へ、そしてシチリアへ

　当時、私のことは内臓疾患であると会社は発表しました。ファンから激励の手紙が20～30通届き、心温まるメッセージをたくさんいただきました。

　また、プロレス界に進んだ当初から、東洋医療や体質改善にくわしい麻酔科のある医師とお付き合いがありましたが、その先生に薬膳料理や健康法を教えていただき、薬物や化学療法でないもので頑張ってみようとしました。本を読むと、放射線などは造血作用の骨髄を30％も破壊するし、その後に回復しないということです。

しかし、西洋医学では、抗ガン剤を使うべきだと言うし、東洋医学の先生に聞くと西洋医学を否定するし……。それらの迷いの中で、両方の見解を持っておられる杉並区「西荻ペインクリニック」の、梅山孝江先生の指導を受けるようになりました。ガンもうつ病も漢方で治しているような、東洋医学に造詣《ぞうけい》の深い先生です。

梅山先生のご紹介で台湾に療養に行き、そこで肉を使わない精進料理を食べて過ごしました。食事は、まさに人間の性格まで変えるといいます。

また、自分ではそれまで牛乳と肉という食生活だったため、何を食べたらいいか、細かいことになると確信できません。ですから、思い切って食生活を変えるため、その次は自分で探して、イタリアのワイン農家でホームステイをしました。

そこは私の大好きなアメリカ映画『ゴッドファーザー』の撮影地・シチリアでした。美しくのどかな環境で、オリーブオイルやトマトなど新鮮な地元の野菜をたっぷりと摂ったこともあって、体が少しずつ癒やされるのを感じました。

検査のときだけ日本に帰り、また戻ってイタリアで過ごしたわけです。経費も、3食付きで1泊4000円くらいでした。ガンと分かってからは、肉を止めなければと思っていましたから、肉のない食生活はまったく苦ではありませんでした。

インドで死の恐怖と闘って……

さらに1999年の8月には、インドにも行きました。

ガンジス川での沐浴《もくよく》は、死への恐怖を自分に納得させるためでもありました。台湾でもイタリアでもまだ微熱は続いており、検査の数値も下がったり上がったり、ともかく半年、1年と十分に気をつけて過ごすように言われていた時期です。当時は療養のために、会社は休ませてもらいました。

インドでは、火葬場が見えています。しかし、沐浴しても寺院でお祈りしても、簡単にインドの人の気持ちになることはできません。ですから納得のいくまで、ずっといようと思いました。インドでは、「人間の体は舟のようなものだ」と言います。いつかは舟を新しいものに変えるのが、心と体の関係だといいます。

それは、理屈ではそれなりに理解しても、まだその時点では死に対して恐怖心があるわけです。なぜ怖いかというと、死によってすべてが終わり、楽しい思い出もみな、過去のものになってしまいます。しかし、もし、生まれ変われるのならば怖がらなくてもいいかもしれない、と考えました。それを信じることで死への恐怖が激減するのなら、信じたらいいのではないかとも考えました。

ところが、インドから日本に帰ると、なかなか前向きの心境にはなれません。

そういうわけで、もともと海外志向が強かったこともあり、台湾、イタリア、インドでの体験は、療養の身にもたいへん貴重なものとなりました。

海外にいることで、食が体を作っているという実感もありました。体調は少しずつ、復帰に向けて整ってきました。少しずつ、少しずつ治そうと思っていました。

同じような毎日ですが、じつに粗食のようなものを食べ、トレーニングをしながら、ゆっ

くり体を回復させました。すると、徐々に体が温まるようになり、疲れ具合が軽くなり、筋肉の状態が良くなってきました。

もう1つ、回復したのは精神状態です。自分の気持ちを冷静に見つめられるようになり、粗食になってからのほうが自分の状態がいい、ということもよく分かりました。当時の粗食というのは、お米をおにぎりにして、あとはみそ汁という簡単なものでした。

マクロビオティックを実践

マクロビオティックを知ったのは1999年の11月です。

前述したように、ガンで亡くなられたヒロ・マツダ氏の奥様から「主人の敵《あだ》を取ってちょうだい」と渡された本がマクロビオティック関連の書物でした。そこには、私がそれまでまったく聞いたことがない、さまざまな理論が紹介されていました。しかし、その本は英語で書かれていました。私には、すぐ読みこなすほどの英語力がありません。

それで、帰国後にも関連本をたくさん買い込んで、すべて読みました。すると、肉で力がつくとか、牛乳のカルシウムが優良だなどとは、まったく書かれていないわけです。

暑いところでは体を冷やす植物が育ち、寒いところでは体を温める植物が採れます。食べ物は、その土地でできるもの、さらにその気候にあったものを摂りなさいという教えでした。そうすることが最も体力をつける方法というのです。

時間の経緯を整理しますと、ガンの手術をしたのが１９９８年の９月。台湾、イタリアのあと、インドに行ったのが１９９９年の８月。その年の11月にマクロビオティックを知り、プロレスへの復帰が２０００年の６月ですから、その短期間にいろんなことが同時進行していました。

このように海外で試行錯誤して1年くらい経つと、体調は徐々に回復し、血液検査でLDH（乳酸脱水素酵素）の値も良くなり、検査の度に毎回、自信を深めることができました。この調子なら、再発せずにガンも大丈夫かと思われました。ただ、検査を行っていた大塚の癌研究会付属病院では、自分で食事を工夫していることなど、あえて、こちらから言いませんでしたので、担当の医師は淡々と数値だけを見ていました。

実践して1年くらい経つと、自分で食と体調や自分の感情とのつながりも見えてきて、実際に医師からも大丈夫と診断されました。医師からというより、自分で自分のコンディションを判断できるようになった、と言うべきでしょう。

「食が心身にこれほどの影響を与えるとは！」とその重要性を実感しました。肉など食べなくていいということも明らかです。なるほどインドでもイタリアでも、土地のものを食べ、そのときの旬《しゅん》のものを食べていました。見方を変えると、近代の栄養学はいったい何だったのだろう？　ということです。

玄米を食べながら——復帰への道のり

そのころの食生活は、便のにおいがお米のにおいになるくらい、お米とみそ汁だけでした。日本にいるときなど、可能なかぎりは玄米で、なければふつうのお米を食べました。

さらにプロレス復帰のためのトレーニングを始めると、体力維持のために特にお米をいっぱい食べました。

また、暑いときでもクーラーをつけず、テレビでなく耳から英語力をつけるためにラジオをつけ、アーユルベーダのオイルを塗りながら、暑いなかで何十冊も本を読みました。

そのときは、不思議と頭に入ってきました。マクロビオティックにもますます真剣に取り組み、アメリカでマクロビオティックを広めた久司道夫《くしみちお》先生の理論に、どんどんと嵌《はま》っていきました。

考えてみると、日本で何百年も続いてきた伝統食は、玄米でした。昔の武士たちは、真田幸村とか豊臣秀吉、宮本武蔵など、みんな主食は玄米で、漬物とみそ汁と梅干のようなものを食べて、たくましく活躍していたわけです。だれもビーフステーキやミルクなどなしで、あの強靭《きょうじん》な肉体を作ったのです。

私も、玄米から始め、ときには白米も麦も食べました。さらに季節の野菜を集中的に摂りながらほぼ玄米菜食に徹したところ、見るみるうちに、肉と牛乳を摂っていたときよりも、筋肉の状態が良くなったのです。

これにはたいへん驚きました。よく眠れるし、全然疲れない体に、しなやかな筋肉になっ

てくることに感動しました。

私は体質的に元来、扁桃腺が腫《は》れやすく高熱を出しやすかったのです。しかし、マクロビオティックに切り替えたとたん、一度たりとも風邪をひかなくなりました。

その後、ガンは一度も再発していませんし、転移することもなく、再度リングに復帰することに成功しました。

2000年の6月に復帰し、プロレスのツアーが始まりました。地方巡業では接待もありますから、焼肉や寿司、酒などが出されます。そういうときには、最低限のお付き合いはしても、自分の体調を考えながら、しっかりコントロールしました。

また、復帰後はプロレスの戦法が変わりました。以前に比べて恐ろしくスタミナがついたので、独自の戦法を生み出したのです。おにぎりとみそ汁だけで体調を整えたので、全試合を何分間戦っても疲れません。ですからどの試合もあえて時間を使うようにして、相手がスタミナ切れして崩れると、たとえ引き分けでも点数はもらえます。こうして、ベスト4に入ったりしました。他のレスラーから見たら、驚くような食生活だったかもしれません。なにせみんなはコンビニ弁当を食べて、プロテインを飲んでいたのですから。

フリースクール設立

その後、フリースクールを作ったのは「食が体を変える」という確信があったからです。九十九里に学校を立ちあげ、うつ病などの子どもたちを受け入れました。

現在、日本では年間3万人以上の自殺者がいて、300万人以上のうつ病からのひきこもりという問題があり、殺人事件の半数近くは血縁関係で起こると言われています。この荒れた世の中を、何とかしたいと思いました。

最初の生徒は26、27歳の青年で、フロリダに2週間連れて行きました。その青年は燃え尽き症候群で、仕事への意欲が湧かず、昔のいじめによるフラッシュバックをかかえ、薬を大量に飲んでいました。

そこで薬を止めさせ、食事を自然の物に変えました。2週間も経つと、彼は日に日に感情のアップダウンが緩《ゆる》くなり、日本に帰るころには親も驚くような変化が見られました。

フリースクールにやってくる病気をかかえた青年たちは、そのまま治ることもありますが、元に戻ってしまうときもありました。回復のための期間は、本来はもっと長い目で見たかったのですが、家族の事情もあるため、限度があります。

本当は全身の細胞が生まれ変わるくらいの時間を使って、徹底してやれるといいのですが、当面は短期間でやるしかありませんでした。その間の食事は、基本的に玄米とみそ汁です。

フリースクールに何人か来るようになり、トータルで20人くらいの人が食事指導で改善されていきました。20代の人も30代の人もいて、たいてい精神的に病んでいました。最も多いのはうつ病です。さらに燃え尽き症候群、パニック症候群などもありました。最初はみなコンディションも違うし、各人に注意を払いました。

そんななかで考えさせられたのは、結局は「給食を変えないといけない」ということです。フリースクールに来た彼らが、薬を止めさせても大丈夫で、食事を変えるとトラブルが改善した、という事実も、もっと世の中に訴えたいと思うようになりました。

学校関係にかかわるようになったのは、２０００年ごろからです。出身高校の生徒にも話す機会がありました。運動部の生徒に話すと、みな真剣に聞きます。ガンになるような食事ではいけないと力説します。まあ、高校生は、すぐに食生活を完全に変えたりはできませんが、意識すると運動能力がつくし、しだいに変化があると思います。

さらにその後、私は健康と食にかかわる講演を重ねていきました。ただし、講演ばかりしていても、すぐには影響がありません。何らかの行動が必要だと痛感するようになりました。その行動の1つとして、フリースクールへ向かったわけですが、後にもう1つの「給食改善」へと意識が向かっていきました。

すなわち、行政を変えなければならないと考えるようになりました。しかし、行政というものは、たとえば薬品メーカーとつながりがあったりすると、医療費はなかなか簡単には減らせない、というのが現状です。行政を動かすには、相当のエネルギーが必要なのです。

政治家として「食の改革」を訴える

このように考えさせられてきたことが土台となり、私は2010年に後援会の方のご縁で、国民新党から参議院選に出馬しました。

率直なところ、私にとっては「食育を訴えること」、それが第一でした。また、日本の農業を守るうえでTPP（環太平洋戦略的経済連携協定）を推進する党とは、方向性が異なります。アメリカが仕掛けたことに反対する反米保守でなければなりません。そういう点で、国民新党とは方向性が一致しました。

亀井静香氏は私に「何をやりたいのか？」と聞きました。そして1時間20分もの間、ずっと目を離さずに、私のような政治の経験もない素人同然の者の話に、耳を傾けてくださいました。氏のすさまじいオーラに私は圧倒されました。

さらに亀井氏は、食の改革について私の考えることを「それは素晴らしい。これを、あなたは命がけでやりなさい」と認めてくださいました。

ちなみに国民新党の講演に行っても、私は「食育」だけを訴えています。食事が大事ということは、分かっていてもストレートに政治の場で訴えるのはなかなか難しいことです。

２０１０年は消費税の問題もあり、選挙ではぼろぼろに負けました。しかし、その選挙戦によって、ある意味では自信もついて、私はもっと小さいエリアから挑戦したいと思うようになりました。

そこで２０１１年4月、私は食育を主要な政策にして文京区の区議会議員に立候補しました。47人の立候補者中6位で、当選しました。そして真っ先に「文教委員会」という教育委員会と大討論する会議に入り、6月の本会議でも、私１人だけは給食の改善を訴えてきました。

区議会議員になってからも、東洋的な思想は論戦における私の柱になっています。5月ごろの議会では、文京区には19万2０００人が住んでいて、放射線の測定を2カ所でしか行っていないから、多くの議員が「もっと多くの地点で測ること」を繰り返し主張していました。

しかし、新人議員の私は、偉そうですが、きっぱりと訴えました。

「測定ばかり、いくらしたところで、結局はみんな病気になりたくないのですから、病気にならないために、まず免疫力を高めることが基本ではないですか！」

36人の議員の中で、私だけがそういう観点から話しました。

放射能というのは、シャボン玉のような形で木に引っかかったり、芝生に引っかかった

り、水の中に入ったり、雨にも風にも吹き飛ばされる可能性があります。仮に数値が悪いとしても、その数値のまま街に残るわけではありません。多くの方がそういう数字にばかり、気を奪われてしまっています。

給食改革への決意。そして給食改革の大先達「大塚貢先生」との出会い

マクロビオティックに関連してても応援してくださる方のご縁が広がっています。私は、食育の市民団体のようなものも作りたいと考えています。学校給食へのアプローチも、代表質問などで取り上げて、広げていこうとしています。

文京区の学校給食は、現状は主食をご飯にしているのは週に2回ですが、目指すのはやはり週に5回の米飯給食です。牛乳もお茶に変えたいと思っています。

ガンを患《わずら》ったころは微熱と倦怠《けんたい》感がありましたが、現在の私は、いつも粗食ながら元気です。基本は玄米とみそ汁で、昆布などでだしを取り、昆布はそのまま食べます。

納豆を添えたり、生野菜サラダを大盛りにして食べたり、ごま塩も出張用にトランクに常備しています。飲み物はひたすら麦茶で、梅干も常食しています。

粗食でありながら風邪をひかなくなり、運動能力が落ちないということは、画期的だと思います。残念ながら、このような生活をスポーツ選手で徹底している人は、あまりいないようですが……。

よく知られた話ですが、野球の広岡監督はチームを自然食にして、いきなり管理野球にして1年目に優勝しました。

監督は宿泊所で、肉やパンがあっても「玄米を食べよ」と言うような方でした。選手の奥さんたちにも、その根本的な考え方を伝えていました。

いずれにしても、肉を食べると疲れる体になるというのは私の実感です。

ファーストフードは毒のようなものだと思っています。白砂糖ももちろん使いません。白砂糖を摂らなくなってから、疲れなくなったと同時に、感情の起伏が穏やかになったと思います。そんなことから「白砂糖を摂ると感情の起伏が激しくなる」ということも大いに実感しています。

今後の抱負ですが、給食を変えて、まず文京区だけでも医療にかかるお金を減らしたいと思います。さらに、食が変わると青少年の内面の変化も起きるということを、期待を持って見つめていきたいと考えています。

時代の趨勢《すうせい》は現在、その方向に進んでいると確信しています。それらを10年後とか20年後というのでなく、半年、1年という期間で早急に実現したいと、私は決意を固めているところです。

そんな私が、給食を変えた大塚貢先生とご縁をいただいたのは、当選間もない2011年6月のことでした。

知人の紹介で、一般社団法人エジソン・アインシュタインスクール協会の井上専務理事とお会いした際に「長野県の小・中学校の給食を変えたことで、学校を変えた先生がいる」と聞き、耳を疑いました。

そして、大塚先生の東京での講演会の際にお会いし、感動に次ぐ感動でした。

「私がやろうとしていたことをすでに実践し、結果を出している人がいる」

このことを知り、私は勇気百倍の心境です。

今後、大塚先生にご指導を賜《たまわ》りながら、文京区の給食改革、そして日本の給食改革への道を邁進《まいしん》していきたいと思います。

第七章　「食」を変えることで知的障がい児が大幅改善

一般社団法人エジソン・アインシュタインスクール協会会長　鈴木昭平

給食を変えたことで子どもが変わった！――大塚貢先生との出会いで受けた衝撃

私が大塚貢先生を初めて知ったのは、２００９年のことです。私が代表を務める協会の専務理事である井上が「大塚先生というすごい人がいます！」と言って、興奮した面持ちで私に教えてくれたのです。

上甲晃さんという松下政経塾の塾頭を務められ、志ネットワークを主催し、全国の若者を育てる私塾を展開しておられる方がいます。その上甲氏の私塾に井上は参加していました。

２００９年3月15日に上甲氏は日本の未来を憂い、「日本　この手で何とかする！」運動を提唱、その志に共鳴した方々が全国から仙石原文化センター（神奈川県箱根町）に６００人ほど集まり「箱根会議」が開催されたのです。

その会議では、料理研究家・辰巳芳子さん、ジャーナリスト・櫻井よしこさんをはじめとして農業、教育、健康、福祉、食、報道などさまざまなジャンルの著名な実践者が講師として登壇されました。

その場にいた井上が一番感動し、衝撃を受けたのが大塚先生のお話だったわけです。

大塚先生の話を井上から聞いて、私も驚きました。

まさか学校給食を変えるなんて、そんなことをやろうとし、そしてやってしまった人がいるとは……。大塚先生はまさに不可能を可能にしたのです。そしてそれによって生徒が変わってしまった……。

「私はいつか大塚先生にお会いしたい！」と、それからずっと願っていました。その願いが２０１１年に叶《かな》ったのです。大塚先生に当協会の東京本部に来ていただき、くわしくそのプロセスを知ることができました。

この革命的な変革を公教育の場でやり遂げた大塚先生の偉大さは、いくら言葉を尽くしても言いあらわせません。

１人でも多くの教育者に大塚先生の偉業とその生きざまを知ってほしい、と願ってやみません。

日本の、そして世界の教育界は、もっともっと大塚先生から学ぶべきだと思います。

謙虚なそのお人柄と教育に注ぐ情熱に、深く心を打たれた私は、大塚先生の講演会を企画させていただきました。

イギリスの学校給食を変えた男「ジェイミーのスクール・ディナー」

大塚先生と出会って間もなくのころです。私は、「ジェイミーのスクール・ディナー」というＤＶＤを見る機会に恵まれました。

そのＤＶＤはまさに衝撃的でした。

シェフであり、レストランの経営者でもあるジェイミーが、イギリスの小学校の給食の実態に触れ、その惨状にショックを受け、給食改革のために立ちあがったその軌跡を描いたドキュメンタリーです。

育ち盛りの小学生の子どもたちの給食を見て、ジェイミーは絶句します。

給食のメニューは※ジャンクフードばかり……。

「こんなものを食べていたら、いったい子どもたちはどうなってしまうのか……」

注（※）ジャンクフードとは?

ジャンクフードとは、カロリーは高いけれどミネラルやビタミンなどの栄養素や食物繊維などをあまり含まない食品のこと。ジャンクフードの「ジャンク」とは、クズやガラクタという意味で、最近の研究では、ジャンクフードの過剰摂取により人間の脳がコカインなどの薬物による中毒症状に類似した状態になることが指摘されています。さらに動物実験でエサとしてジャンクフードを与え続けると、肥満になるうえに、脳が喜びなどの感情にしっかりと反応しないことが確認されています。

そして、子どもたちに野菜を見せてその名前を聞くと、ほとんどの子どもたちが「ピーマン」や「ニンジン」の名前を知りません。

驚いたことにそうした子どもの親の中にも、野菜の名前をろくに答えられない人がいたのです。

「これは何とかしなければ……」そう思い立った彼は、自分の経営するレストランの仕事を部下に任せて、敢然《かんぜん》と給食改革に挑みます。

しかし結果は惨憺《さんたん》たるもの……。

ジェイミーが給食のおばさんを口説いて、少ない予算の中からビタミンやミネラル、繊維質の多い給食を作っても、だれも口にしようとしないのです。

「においが嫌だ」「色が気持ち悪い」

そう言って子どもたちは、日ごろ食べなれたナゲットやピザ、フライドポテトといった不健康な給食に殺到します。

せっかくジェイミーが苦心して作った給食は、すべて廃棄されてしまいます。

それでもめげないジェイミーは、食べ物の歌を作って子どもたちに歌わせたり、野菜の被り物を着て子どもたちに少しでも野菜に親しんでもらおうと試みます。

しかし、子どもも親も、ジェイミーの努力を理解せず、プラカードを作って「ジェイミーなんか出て行け！」と抗議のデモまでするのです。

ある医師を訪ねた際に、ジェイミーはレントゲン写真を見せられます。それはある小学生の内臓の写真です。

医師はこう言います。

「この子はもう数週間便が出ていない」

「この状態が続くとどうなるんですか？」とジェイミーが尋ねると、医師は「やがて便が逆流して口から出てくるようになります。その原因は、繊維質の食事が少ないからです」と答えます。

ジェイミーがさらに「じゃあ、繊維質の食事を摂れば、この子は改善するんですか？」と聞くと「その通りです」と医師。この医師の話を聞いて、ジェイミーは絶句し、怒りで燃え上がります。

「繊維質の食事を摂らないことで、こんなことが起こっているなんて！」

何度も挫《くじ》けそうになりながらもジェイミーは、あらゆる方法を試み続けた結果、賛同者が徐々に増えていきました。

ついには当時のイギリスの首相であったブレア氏が、６００億円の予算を給食改革のために割くことが決まった……。そこでこのＤＶＤは終わります。

※ＷＯＷＯＷでも「ジェイミー・オリバーの給食革命！」というタイトルで放映されました。

http://www.wowow.co.jp/pg/detail/066027000/

そして何とジェイミーの試みは、米国でも高く評価され、採用されたのです。この模様は「ジェイミーの食育革命 in USA」というテレビ番組として２０１０年に米国で放映され、大反響を呼びました。今年（２０１１年）４月には日本のＷＯＷＯＷで放映されました。

詳細は左記サイトをご覧ください。

http://www.wowow.co.jp/extra/jamie/usa/

以下は、このサイトから抜粋したものです。

英国のカリスマ・シェフ、ジェイミーがWOWOWに帰って来る！
今度の革命の舞台は〝アメリカ〟だ！

2010年3〜4月に全米ABCネットワークで放送され、第62回エミー賞でリアリティ・ショー作品賞を受賞した話題作「ジェイミーの食育革命inUSA」を日本初放送。「ジェイミー・オリヴァーの給食革命」で、とある学校の給食室で「子どもに美味《おい》しい健康的な食事を食べさせたい」という一心で始まったプロジェクトは、最終的には国をも動かしイギリス全体の給食システムを変えることに成功。

そんなジェイミーが次の革命の舞台に選んだのが、アメリカの中でも〝最も不健康な街〟と呼ばれるウェストバージニア州ハンティントン。

全米屈指の肥満率を誇るこの街で、野菜と果物の区別さえつかない市民たちに面食らいつつも、めげずに無料の料理教室を開催するレストランを開業したり、学校給食はもちろん、一般家庭のキッチンにも乗り込み地域全体を巻き込んで「料理本来の味と楽しさ」を伝えるべく奔走する。

「今こそ、ジェイミーのような人物が日本には必要だ」と私は思います。

世界を震撼《しんかん》させたイギリス暴動の遠因は学校給食？

みなさんは、２０１１年8月にイギリスで起きた暴動をご存知でしょうか。

イギリスのロンドン北部のトッテナムで、黒人男性が警察官に射殺されたことをきっかけに、8月６日から発生した暴動です。暴動はトッテナムやロンドンばかりでなくマンチェスター、リヴァプール、バーミンガムなどの各地へ拡大しました。

暴動に関与した主要な人々は「チャヴ」と呼ばれる低所得家庭の無職の若者たちでした。さらに貧困層とは異なる教師や富豪の娘たちや、ロンドンオリンピックのボランティアやバレリーナなど、幅広い年齢層の人たちが含まれていました。

全国規模に発展したこの暴動において合計5人が死亡し、8月13日までに暴動・放火・略奪の容疑で１６００人以上が逮捕され、8月25日までの逮捕者は２０００人を超えました。暴動による経済的損失は、保険会社の損失のみでも8月11日時点において2億ポンド（２５０億円）以上と推定されています。

英紙の多くは「貧困、失業、消費主義の問題を越えている。イギリス社会は善悪の規範、倫理観、責任感を失った」と報道しました。

一時は世界を支配していた文明国イギリスで起きたこの暴動は、世界に衝撃を与えました。ところで暴動を起こした世代の若者たちは、子どものころ、いったい何を食べていたでしょう。多分、ジャンクフードまみれの給食を食べて育ったのでしょう。

「この暴動が起きた遠因に、イギリスの悲惨な学校給食があったのではないか?」と私は思います。

そして日本にも早く、大塚先生やジェイミーのような人物がもっとたくさんあらわれ、学校給食を変えていかないと、遅かれ早かれイギリスのようなことが起きてしまうのではないか、と危惧しています。

知的障がいは改善できる

日本では、出生数が減っている中で、「知的障がいなどの発達障がいをかかえて生まれてくる子どもの割合は年々増加している」という報告があります。

現在、アメリカでは3～5%の子どもがＡＤＨＤ（注意欠陥多動性障がい）と言われ、それ以外の障がいを含めると、その数は10％にも上るであろうと言われています。

それを日本の子どもに換算した場合、０歳から15歳までを１５００万人としても、１５０万人の障がい児がいる計算になります。

これは由々しき事態です。

この状況をどうしたら変えることができるのか？

私は、障がい児教育に携わって20数年になります。

そして２００９年４月に知的障がい児の改善指導方法を保護者の方々にお伝えするために、一般社団法人エジソン・アインシュタインスクール協会を設立しました。

この協会を作るまでの約20年間で、私の指導と親御さんの努力によって、30人以上の知的障がい児が、普通学級で学べるようになり、その中の数人は極めて高い学力を持つにいたっています。

こんなことを読まれると、みなさんの中には
「そんなことはありえない」

「また新手の詐欺ではないのか」

「信じられない」

「現代医学や教育学、心理学の常識からいって、ありえない」
といった感想を持たれることでしょう。

実際、私の活動をサポートし、この本の出版企画を推進した井上祐宏（現・一般社団法人エジソン・アインシュタインスクール協会専務理事）も、そう思った人間の1人です。

彼は、約5年前に私の「知的障がい児は、普通児をはるかに超えて、エジソンやアインシュタインのような天才になる資質を秘めています」という言葉を聞いて耳を疑いました。

彼は「本当にそうならば、大変なことだ！　ノーベル賞ものだ。でも自分で確かめなければ、そうした子どもをかかえて苦しんでいる親御さんに出会っても伝えられない！」と思い、「ぜひ実際に改善しているお子さんの親御さんにお会いしたいです。お願いします」と私に言ってきました。

そこで私は3人のお母さんを彼に紹介しました。

水戸の教室でその3人のお母さんと会って、詳細に話を聞いた井上は、「本当に改善しているんですね！」と興奮して私に連絡してきました。

ダウン症でも改善は十分可能！

そのすぐ後に井上が知人に、「知的障がい児が普通学級で学べるようになるだけでなく、天才になることも可能だ」と伝えたところ、「でもダウン症は無理でしょう。染色体の異常が原因だから」と言われたそうです。

井上も「う〜ん、それは難しいかもしれない……」と思い、その場ですぐに私に電話をかけてきました。

「鈴木先生、ダウン症は、先生のノウハウを駆使しても改善は難しいでしょう？」

私は即座に答えました。

「大丈夫ですよ。私が最初に改善指導に取り組んだ知的障がい児はダウン症だったんですよ！　その子は18年経って今、大手運送会社で準社員として働いています」

この言葉を聞いて、彼はさらに驚き、また感動していました。

20数年前、妻が経営している幼児教育の教室で、１人のダウン症のお子さんと出会ったのが、すべての始まりでした。

「ダウン症は染色体の異常が原因だから、大きく改善することはありえない」

ほとんどの人がそう思われるでしょう。私自身もそう考えていました。

しかし、そのお子さんはとてもかわいらしくて、私が教室に入ると「おじちゃん、おいで、おいで」と私に呼びかけるのです。

さらに高速でカードをフラッシュ（めくる）すると、目を輝かせたのです。私はその子の中に知性の輝きを感じました。

「この子には可能性がある！」

そう思って指導を進めていくと、どんどん伸びていきました。その子は昆虫の絵のカードがすごく得意で、私と競争しようとするのです。覚えが早いその子と昆虫の名前当てを競うゲームをしました。

これはたいへんでした。指導者としての立場を守るために、私も必死になって昆虫の名前を覚えたのですが、それもいまではいい思い出です。

しかし、20年前の自分の技術や経験、ノウハウはいまと比べると極めて未熟でした。本当にあのころは手探り状態だったのです。

「いまだったら、あの子をもっともっと改善させてあげられた」

そう思うと残念でなりません。

目標はエジソンやアインシュタインを超える人材を生み出すこと

私はこうした経験から、「知的障がい児は天才性を秘めている」ことを確信するにいたりました。知的障がいは脳のトラブルによって起こります。しかし、脳というのは不思議なもので、ある部分に障がいがあると、それを補おうとして、ほかの部分が活性化するのです。

ですから知的障がい児は、特殊な脳を持っているのです。この極めて個性的な脳の能力を伸ばし、社会性さえ身につけることができれば、彼らがエジソンやアインシュタインに匹敵するような人間になることは十分可能だ、と私は信じています。エジソンもアインシュタインも子どものころは、知的障がいを持っていたことがわかっているのです。

京都大学霊長類研究所教授の正高信男先生が書かれた『天才はなぜ生まれるか』（ＰＨＰ新書）にも、そのことははっきりと書かれています。発達障がいを持ちながら、あるいは発達障がいだったからこそ、才能を発揮し天才的な業績をあげた偉人たちは、他にもたくさん知られています。

・『モナ・リザ』のレオナルド・ダ・ヴィンチ

・デンマークの童話作家ハンス・クリスティアン・アンデルセン
・電話の発明者アレクサンダー・グラハム・ベル
・大人の遊園地の発明者ウォルト・ディズニー
「彼らがいかなる障がいをかかえ、その障がいをどのように乗り越えていったのか」が、本の中で詳細に描かれています。私から見ると、すべての知的障がい児は、エジソンやアインシュタインのような天才の卵なのです。これが、私が編み出したメソッドを「エジソン・アインシュタインメソッド」と名づけた理由です。

この名前の由来を、ほとんどの方は「エジソンやアインシュタインを目指そう」という意味だととらえます。しかし、じつはそうではありません。

いまは21世紀です。エジソンやアインシュタインは、20世紀の人間です。21世紀を生きる私たちは、エジソンやアインシュタインを超えた素晴らしい発明・発見を成し遂げる人間を生み出すことを目指すべきなのです。

エジソンやアインシュタインを超えて行こう!

(Beyond Edison and Einstein!)

これが当協会の標語の1つなのです。

エジソン・アインシュタインメソッドの3本柱

エジソン・アインシュタインメソッドには大きく分けて、３つの柱があります。

１つ目は、親の意識変革。

２つ目は、血液・血流状態の改善。

３つ目は、高速による情報入力です。

この３つが三位一体となって、子どもの脳に働きかけることによって、改善は極めて短期間で起こっていくのです。

★第一の柱――親の意識変革　親が変わることで子どもは変わる

親の意識が変わること。これがまず不可欠です。

親御さんたちは、「どこか自分の子どもを治してくれるところがあるのではないか」と思い、さまざまな医師や治療家のところに行かれます。もちろん多少の改善はあるでしょう。しかし、家庭における親御さんの取り組み、そして子どもに対する意識変革抜きには、結果はなかなか出ないのです。

何よりも重要なのは、「この子の未来を変えることができるのは、自分しかいない」という決意と覚悟を親御さんが持つことなのです。このことに対して「親に責任を押し付けるのか！」と怒られる親御さんもいらっしゃいます。

しかし、実際に当協会のセミナーに参加し、改善指導に取り組んで、子どもが数カ月で目覚しい改善をしたお父さんが、初めてセミナーに参加したお父さんに対して「親が変わらないと、子どもは変わりませんよ」と言う現場を私は目撃しました。私が言いたいことを、その親御さんがはっきり言ってくれるのを聞いて、私は耳をそばだてました。

続けてそのお父さんは

「私はものすごく怒りっぽい性格で、子どもをしょっちゅう怒っていました。でもこのセミナーに出て、約1カ月間子どもを怒らなくなったら、子どもがなついてきて、改善が起こり始めたんです。

会社でも私は部下をしょっちゅう叱っていて、部下はみんな私を怖がっていました。でも部下も怒らないように気をつけたんです。そうしたら部下が私に対していろいろと相談をするようになりました」

「じつは私も、小学校に入学したときは、ひらがなが書けなかったんです。でも親が一生懸命私を指導して、2年生になったころにはひらがなも書けるようになり、それから大学もちゃんと卒業して、今は立派に働いています。ですから息子も絶対に改善すると信じています」

実際に知的に遅れのある子どもの親御さんの言葉ですから、重みと説得力が違います。

エジソン・アインシュタインメソッドでは、親の意識変革の方法として、まず子どもの可能性を信じることを教えています。

「この子は天才の卵なんだ」「健常児を超えて優秀児になることも可能なんだ」と思って指導するのと、「何とか社会で人様の迷惑にならないようになってくれれば」と思って指導するのでは、結果はまったく変わってきます。

そして子どものことを気絶するほどほめる。ほめればほめるほど、脳は活性化し、子どもは前向きでやる気になってきます。

さらに前向きな暗示を与えるのです。暗示の効果は絶大です。トイレでうんちができなかった子どもが、「うんちはトイレでします」という暗示を与え続けたところ、早ければ1週間で、遅くても1カ月あればトイレでうんちをできるようになった事例が数多く報告されています。

★第二の柱——血液・血流状態の改善　人間は考える動物

フランスの哲学者パスカルは「人間は考える葦《あし》である」と説きました。

しかし、私は「人間は考える動物である」と親御さんたちに言っています。人間は動物の中では、それほど大きい体を持っていません。でも人類は食物連鎖の頂点に君臨しています。

それはなぜか？

人間は、ほかの動物に比べて極めて大きく、精巧な大脳を持っているからです。しかし、その脳を支えているのは体です。脳の状態も当然、全身の健康状態に左右されます。そして血液・血流状態が悪いと、脳は活性化できないのです。

知的障がい児の多くが、便秘や下痢、そして低体温の状態にあります。それが血液・血流の状態を悪化させているのです。

これを改善しなければ、障がいの改善は難しいのです。特に小腸の状態を改善することが必須です。腸は発生学的に見ると、「第一の脳」なのです。「第二の脳」が大脳です。

血液・血流状態の改善のためには、運動・体操、そして食の改善が必要です。

★第三の柱―高速による情報入力　知的障がい児の個性にあった指導が必要

知的障がい児のほとんどは、右脳が優位な状態にあります。

左脳は論理・理性を司り、右脳はイメージや感性を司っている、と言われています。右脳の情報処理能力は、左脳をはるかに上回っています。極めて精巧で鋭敏な脳を、知的障がい児は持っているのです。

こうした脳に対して「ゆっくり少しずつ情報を与える」という指導方法は、極めて効率が悪いのです。子どもはストレスを感じてしまいます。

しかし、カードを素早くめくり、高速で情報入力すると、知的障がいを持った子どもはみな普段見られない集中力を発揮します。ポイントは子どもが集中するスピードでカードをめくることです。

その速さは子どもによってみんな違います。１人ひとりの子どもに合わせたスピードを見つけて、その速さで行わなければなりません。

ですから、知的障がい児の改善指導において、集団での指導には無理があるのです。基本は個人指導です。これが私が、「家庭教育が知的障がい児の改善には絶対に必要だ」と主張する根拠の１つなのです。

エジソン・アインシュタインメソッドと大塚方式の共通点

大塚先生の長野県での取り組みについてのお話を聞いていて、大塚先生には失礼な話かもしれませんが、「これはまさにエジソン・アインシュタインメソッドそのものだ！」と思いました。

「給食を変えることで、生徒が劇的に変わった」

これは本当に素晴らしいことです。

しかし、生徒が変わるためにまず大塚先生が取り組まれたのが、「授業の質を高めること」だったのです。

非行が蔓延《まんえん》する悲惨な状況に対して絶望感に染まっていた先生方に対して、大塚先生は「授業がつまらない。こんな授業だったら生徒が寝てしまうのも当たり前だ」と言い放ち、授業改革の研究会を発足された。

つまり「生徒が授業に集中しないのは、先生の責任である」ということです。その言葉を受けとめて、先生方は生徒に対して本気になったのだと思います。これはエジソン・アインシュタインメソッドの第一の柱である「親の意識変革」に当たります。なぜなら学校における「親」は先生方に他ならないからです。

さらに「少しでもいい授業、分かりやすく興味が持てる授業をしよう」という工夫。これはメソッドの第三の柱である「高速による情報入力」に当たります。子どもたちの脳が活性化して、集中力が高まるための工夫、子どもたちが楽しく学べる工夫、それが大切なのです。

そして子どもたちに花を育てさせた。それによって子どもたちのストレスが軽減し、情緒が育まれます。

そうしたことでさらに授業に集中しやすい脳の状態に、子どもたちはなっていったのだと思います。

そして最後に行った給食改革。まさに食の改善による「血液・血流状態の改善」という第二の柱そのものです。

親が本気になることで子どもが変わる！

感動的な改善報告――「この子と一緒に死のうか」と何度思ったか分かりません。
でもいまは子どもがかわいくて、かわいくて……。

「親が変わることで子どもが変わる」

この言葉を体現しているような改善事例をご紹介したいと思います。

私の著書『やっぱりすごい!! 新・子どもの脳にいいこと』（コスモ21刊）と『子どもの脳がどんどん良くなる』（ＫＫロングセラーズ刊）の中で紹介されている川崎和夫くん（仮名）とそのご両親です。

和夫くんは、親御さんの熱心な指導の甲斐あって、何と「半年で2年分の成長」を成し遂げられました。

そして特別支援学校にしかいけないような状態から、わずか1年半で、小学校の普通学級に進学し、学習塾の経営者でもあり教師でもあるお父さんの目から見ても「学習面では健常児とまったく遜色《そんしょく》がありません」と断言できる状態にまで改善しました。

お母さんである川崎くに子さん（仮名）は、「セミナー中に何かが降りてきたんです。

そして私、変わったんです！」とおっしゃっていました。それは、とりもなおさずお母さんが「この子を改善するのは自分しかいない」という覚悟を決めた瞬間に起きたのです。

つまり保護者が本気になることが、改善指導における成功の要なのです。何より重要なのは、親御さんの「決意」と「覚悟」なのです。

私の指導は、勇気づけと方向づけ、そしてお子さんが改善していることを親御さんに気づいていただくこと。

さらに川崎さんは、お子さんについて極めて重要なことをコメントされました。

「うちの子は6歳の男の子ですが、2歳くらいまでは特に問題はありませんでした。2歳になってからしばらくして、母乳をやめて牛乳に変え、またパンを食べさせ始めました。それからすぐに中耳炎になり、抗生物質を大量に与えました。

そのころから急に奇声をあげるようになり、行動に落ち着きがなくなって、本人にしか分からない〝こだわり〟が出始めました。

たとえば、初めての場所に入ろうとしないのです。どこかへ泊まりに行ってもずっと泣き通しで、部屋に入ってからも1時間くらい泣きやまない状態でした。

レストランに入って注文しても、やはり泣くので、何も食べずにお金だけ払って出てきたことが何度もあります。

症状が一番悪かったのは3歳ごろです。『暴れる』に『奇声をあげる』がプラスされて、まったく言うことを聞かない状態だったのです。

現在主人は、当時を振り返って、『うちの子、まるで鳥みたいだったよね』と言います。私たちとも目を合わせず、『ママ』とも『お母さん』とも、何も呼びかけをしませんでした」

この「牛乳とパンを摂らせ始め、中耳炎になったのと同時期に異常行動が出始めた」というのは、牛乳に含まれるカゼインと小麦粉に含まれるグルテンに対するアレルギー反応、さらには抗生物質の摂取による腸内環境の悪化が1つの要因になっている可能性が考えられるのです。

日本ではほとんど知られていませんが、これらの物質と発達障がいとの間に深い関係があることが生理学的にもかなり解明されています。このことについてくわしいのが『自閉症と広汎性《こうはんせい》発達障害の生物学的治療法』(ウィリアム・ショー著、コスモ21刊)です。

アメリカの主婦キャリン・セルーシさんは、息子さんのマイルズ君が生後18カ月で自閉症と認定され、絶望のどん底で打ちひしがれていました。ところが牛乳と小麦を除去したところ、劇的に改善し、ついには自閉症が完治したことが医師にも認められたのです。

この壮絶な記録がアメリカではすでに書籍として２０００年に刊行され、大変な反響を呼びました。その書籍の翻訳が２０１２年秋に出版されました。題名は『食事療法で自閉症が完治!!　母の命がけの取り組みで奇跡が』（キャリン・セルーシ著、コスモ21刊）です。お母さんの必死の取り組みが、まるで映画を見るようなすさまじい臨場感で迫ってきます。

「地獄の日々からの生還」みゆさんの告白

当協会のトレーニングセミナーを受講し、日々息子さんの改善指導に取り組まれている「みゆ」さんというお母さんの文章を拝見する機会がありました。食と発達障がい、また心身の健康との関係について、これほどリアルに伝わる言葉に初めて出会いました。私自身、大感動しましたが、今子育てで悩まれている多くの親御さんにとって参考になると思い、ご本人の承諾を得てご紹介させていただきます。

私は、パニック障害、不安症、不眠症、うつ、それはそれは地獄でした。息子の奇声に、奇声で怒鳴り返す日々を送ってきました。

毎日のように、物を投げては、悲観的に泣いて、泣き叫ぶ息子の前で自分の髪の毛をかきむしっていました。

鬼ババでした。

こんなこと書くのは恥ずかしいけれど、私の気づきです。

私は昔から菓子パンが大好きでした。学生のころからお昼ご飯は決まって菓子パン。アンドーナツも大好き。帰宅後は、スナック菓子を食いあさっていました。

もともと八方美人で争いごとは大嫌い。「NO」と言えない性格。

就職後も人の仕事まで抱え込んでは家に帰ってストレスで泣いている日々でした。

後輩からも先輩からも嫌われたくない「いい子ちゃん」でした。

どこかで「性格だから」と決めつけていました。

さらに、妊娠期も1人でいるときは大抵パン。

手軽でおいしい！　なんて喜んで新しい市販のパンに食いついていました。

さらにさらに、産後も体調不良を理由に、スーパーのお総菜や冷凍食品に頼りがちでした。

息子にも昼食によく冷凍食品のピラフを与えていました。

でも、セミナーに出てから1カ月ちょっと。

菓子パンや添加物の摂取を極力減らし、和食中心、「息子のため」と食事を一生懸命作るようになりました。息子の成長はもちろん、私自身が「性格が一変したようだ」と言われます。自律神経の薬などももう飲んでいません！　よく眠れています。

セミナー受講直後は「頑張って笑わなくちゃ」だったのが、「本当に楽しい！」と腹を抱えて、手をたたき、笑えるようになっています。

もちろん、もっともっと食事に気を使われているお母様方もいらっしゃると思いますが、うちの場合は「マジで私が栄養失調だったんだ」と気づかされました。

私はこんなふうに文章を打てる状況じゃなかったんです。

自分がおかしくなってから、薬に頼って少し周りに理解を得て、息子を一時保育に預けることができ（通院という理由で週3回）、医者からの「環境を変えないと治らない」という通告を聞いて、主人が「ママが元気になるなら」との思いで、環境障害と不眠症を治すために、なんと引っ越しまで納得して行動してくれたんです。

離婚寸前でした。

そのときに、はじめて息子が多動症（聞いたことありませんでした）ではないかと、義母から言われました。

あんなにおかしくなるなんて……って今でも思い返すとぞっとします。


息子の多動症が私のうつの原因？

私がうつになったから、息子は多動症になったの？

考えたらきりがなくて悩みましたが、もう大丈夫。


鈴木先生の本を読んだあとは、自分の進む道に迷いはありませんでした。

トレーニングセミナーを受けに行く新幹線で「私、将来、鈴木先生の仕事をお手伝いしたい！」と断言していました。

夫への感謝とともに、私の体も改善されたような気がします。信じて一緒に新幹線に乗ってくれたんですから……

笑顔が増えると、どんどん連鎖して、家族が変わっていくんですね。

今日も息子は進化しました。

私、当時、たくさんの悲しいニュースが流れる度、「この犯人の気持ちわかる」くらいの思いでした。

怖いですよね……。あの自分の体に走っていた衝動的なモノ、本当に怖くて、今は毎日「しっかり食べなくちゃね。栄養たっぷりだね」と息子に言いつつも、自分に言っています。

（２０１２年３月６日記）
※この文章を書かれた「みゆ」さんは、ソーシャル・ネットワーキング・サービス mixi 内に療育ママ我が子の障害の改善に前向きに取り組んでいるお母さん）を応援するコミュニティ（承認制、非公開）を２０１２年４月25日に設立しました。
「我が子応援隊」 url:http://mixi.jp/view_community.pl?id=5976073

川崎さんご夫妻と感動の再会！

２０１１年11月９日はエジソン・アインシュタインスクール協会の記念日となりました！

2011年11月9日、感動的な改善例をご報告いただいた川崎さんご夫妻が、当協会の東京本部を訪ねられました。川崎さんの息子さんは、健常児のお子さんとほとんど遜色《そんしょく》ないまでに改善されました。

当協会に出合うまでのご苦労、そして改善のプロセスなどについて、取材をご依頼したところ、田端の東京オフィスにお越しいただけました。そして、お祝いの花束を受け取ったご夫妻は、喜びの涙を流しておられました。また、数多くの貴重なお話を聞くことができました。

特にご主人のコメントは、感動的でした。

「息子が障がい児になってからの約3年間は、本当に真っ暗闇の毎日でした」

「毎日、この子がこのまま大きくなったら、どうしよう……、と考えるんです。でも答えはありません。そんな毎日なんです」

「自分が感情を露《あらわ》にしてしまったら、自分自身が崩れてしまう……。必死に自分を保っていました」

そして、そんな過去が、本当になかったような毎日を、現在川崎さんご家族は過ごされています。

「教育関係の仕事をしている私から見ても、いまはもう学習面では普通児童とまったく遜色がない状態です」

毎日が笑いに満ちているそうです。しかし、ご主人は

「あの辛かった時期を忘れてはいけないね。同じ苦しみを味わっている親御さんに、伝えていかないと……」

と奥さんにおっしゃられていたそうです。

ご主人は、

「1年半前の私たちのような境遇にある親御さんに、伝えていただきたい。エジソン・アインシュタインスクール協会に出合って、私たち家族は救われました」

と取材の最後におっしゃっておられました。

※この川崎さんご夫妻の壮絶な日々と衝撃的な改善のプロセスの詳細が、２０１２年9月に出版予定の『自閉、多動、パニック…、４カ月で、しゃべった！　落ち着いた！　奇声が止んだ！　５人の親の真実の物語』（川崎くに子・他著、鈴木昭平編著、医学博士・向後利昭監修、コスモ21刊）の中で紹介されています。

ポストハーベスト（収穫後）農薬の危険性

大塚先生が本書の中でも指摘されている通り、農薬の危険性は深刻です。

海外から輸入されている野菜や穀物に使われているポストハーベスト（収穫後）農薬は、日本国内で使われている農薬の何十倍も危険なのです。

九州のある都市に、発達障がいの娘さんの劇的な改善に成功したお母さんがいらっしゃいます。井上がその女性にお会いしたところ、「子どもには、牛乳は飲ませず、ジュースは国産の果物を絞ったものを飲ませていました。またサプリメントもいろいろ摂らせていました」と言うではありませんか。

「なぜ、そんなに意識が高いんだろう？」と思って彼が尋ねると、彼女は驚くべき話をし始めたのです。

「私は、港湾の受付の仕事をしていました。港湾では海外からの荷物が入ってきたときに、その中身を検査しなければなりません。当時、同僚として働いていたのがいまの主人です。私は事務職でしたが、荷物が港に入ってきたときに、職員は中身を開けて検査しなければなりません。

港にニワトリの餌が入ってくると知ると、検査担当の男の人たちは一様に、いや～な顔をします。というのは、中身を調べる際に、防毒マスクをしなければならないからです。袋を開けたとたんに、中に充満していた農薬がバーッと吹き出るのです。

もしも防毒マスクをしないで、荷物を開けると、その農薬を吸って、その人は再起不能になってしまうのです。たまねぎもそうでした。防毒マスクなしでは検査できないんです」

私も彼女のインタビュー映像を見ましたが、実際に港で働いていた人の言うことですから、ものすごく説得力があります。そんな毒性の強いものを食べたニワトリが産む卵には、当然農薬が混入しているはずです。本当に恐ろしくなりました。

日本の「食」が私たちの知らないところで、たいへんな危機に瀕《ひん》しているのです。

学校教育と家庭教育の連携こそが日本の未来を作る

２０１１年には東日本大震災という大変な災害が起こりました。さらに原発事故による放射能汚染が全国民を不安に陥れています。

いま、食の問題が大きくクローズアップされています。それは、「食事をもう一度考え直しなさい」というメッセージなのではないかと思います。私たちは再度立ち止まり、食というものをしっかりと根本から見直し、その延長線上に子どもたちの未来を考えていく必要があるのではないでしょうか。

知識を教え込むだけの教育では、子どもたちは疲れてしまいます。大事なことは、子どもたちの脳をもっと健やかに育てることです。さらに、そこに世界で活躍できるような、人間として必要な基礎的資質を育むこと。

そう私は考えています。

やはり、教育というものの概念が変わることが必要ではないでしょうか。「人格の形成」などという抽象的な言葉を用いていては、正しく子どもを指導することはできないと思います。教育というのは、「子どもたちの大脳における神経回路の形成過程」のことだと、私は考えております。大脳生理学に基づいた、あるいは心理学の成果を取り入れた教育を進めていかなければ間に合いません。

18世紀、19世紀型の哲学的かつ抽象的な教育では、もはや間に合いません。もう一度、教育の本質を見直すべきだと思います。

そこで大きく影響するのは「食の問題」です。これは、つまり家庭教育の問題です。

さらに家庭教育と、学校教育がしっかりと手を携えたときには、その地域に将来を支える子どもたちが人材として育つと思います。

東北の復興も、最終的には人材で決まるのではないでしょうか。その地域にどういう人間が育ち、その地域で活躍するか。これこそ、最終的に復興シナリオの行きつく先だと思います。

いくら施設や機材などのハード的なものを作っても、そこには限界があります。未来の子どもたちをどう育てていくか、その仕組みをいまから作っていかなければなりません。

あとがき

やむにやまれぬ思いを持った人間が世界を変える

私は、現在一般社団法人エジソン・アインシュタインスクール協会の専務理事として、知的障がい児の改善に取り組む保護者の方々のためのセミナーの講師、そしてサポートをさせていただいております。

また、福島原発事故後の放射線被曝を何とかして軽減する方法はないものか、との思いから２０１１年4月に『放射能汚染から命を守る最強の知恵』（阿部一理・堀田忠弘著、コスモ21刊）の出版をプロデュースし、「日本を放射線被曝から守る会」を設立、推進委員長を務めております。

私が初めて大塚先生のお話を講演でお聞きしたとき、正直耳を疑いました。

「まさか、学校給食を変えるなんて……。そんなことができるのか……」と。

私は、いつも知的障がい児の保護者の方々に訴えている「食」の改善、その重要性について、私の力が至らず、なかなかしっかりとしたカタチで伝えきれていないことを、非常に申し訳なく思っておりました。

そこで、私はまさに「食」と子どもの健全な発育とのかかわりを、自ら実証された先生に、「先生の偉業を多くの親御さんにお伝えしたいのです。本当にお願いします！」と土下座せんばかりの勢いでお願いし続け、ようやく今回の出版に至りました。

大変ご多忙の中、お時間を割いていただいた大塚先生に、この場を借りて深く御礼申し上げます。

この本は、全国のすべての親御さんに、本当に読んでほしい本です。

そして付録のＤＶＤを、是非多くの親御さんに見てほしい、と切に願います。

大塚先生の本気が、長野県上田市の中学校、小学校の子どもたちの未来を変えたのです。

先生の子どもたちへの愛、教育に賭ける情熱、その慈愛に満ちた表情とまなざしに触れることで、みなさんの人生が大きく変わるキッカケになる、と確信して出版社に強引にお願いして添付されることになったＤＶＤなのです。

２０１１年の東日本大震災、そしてそれに続く福島原発事故から１年半が過ぎようとしている今日、私たちは問われています。

自らの未来を、自分の愛する者の未来をどうしたら守れるか？　と。

絶望的になってしまうことも多々あることでしょう。日々接する政府・行政の無策、当事者意識、危機感の欠如を見るたびに、私自身も無力感、絶望感に苛《さいな》まれることは度々です。

しかし、「あきらめるわけにはいかない」。

それが愛する者を持つ人間の責任ではないでしょうか。

大塚先生はあきらめなかった。

そして本書に登場する西村先生、鈴木先生も、絶望の淵から甦り、あきらめることなく、自分のできることを発見し、体を張って、日々子どもたちの未来のために奮闘し続けています。

どんな人間にも、自分にしか伝えられないことがあり、自分にしか支えられない人がいる。

これは私の信念です。

それを発見した人の内側からやって来るもの、それは「やむにやまれぬ思い」です。

スワンベーカリーという従業員の約半分が障がい者のパン屋さんがあります。現在、店舗数は約20店舗、すべての店舗が黒字です。この店を運営している株式会社スワンの海津歩社長のお話を聞く機会がありました。彼の言葉は、私に衝撃を与えました。

障がい者を雇用することをお考えの会社の担当者の方にお伝えしたいことがあります。「いいことをしたい」とか「世のため人のためになることをしたい」とかそんな考えで障がい者雇用をやろうとしたら、大火傷《やけど》しますよ。「やむにやまれぬ思い」がなきゃ駄目なんです！

この本を読まれた読者の中の1人でも多くの人が、自分の中に「**やむにやまれぬ思い**」を発見し、自分の愛する人々のために、志に燃えて生きる方が生まれることを願い、祈り、筆を置かせていただきます。

2012年5月28日

一般社団法人エジソン・アインシュタインスクール協会　専務理事　井上祐宏

著者略歴

大塚　貢（おおつか　みつぐ）

昭和11年長野県生まれ。35年信州大学卒業後、中学校教員を経て東京都内で会社員生活を送る。その後、長野に戻り、県教育委員会指導主事、中学校教頭を経て平成4年から校長に。平成９年、旧真田町教育長就任。市町村合併後、18年より上田市教育委員長。19年退任後、現在は教育・食育アドバイザーとして活躍中。

西村　修（にしむら　おさむ）

1971年9月東京都文京区に生まれる。

1991年4月21日、新日本プロレス・沖縄県糸満市西崎総合体育館での飯塚孝之戦でデビュー。1998年にはガン（後腹膜腫瘍）による長期欠場を強いられるが、食事療法（マクロビオティック）で回復。2000年に現役復帰。ガン闘病の体験から、青少年自立のためのフリースクールを設立。

鈴木昭平（すずき　しょうへい）

1950年茨城県北茨城市生まれ。76年3月横浜国立大学大学院経営学研究科修士課程終了。経営学修士。同年4月より同大学大学院研究生。後ジャスコを経て常磐大学職員、常磐学園短期大学学内講師、桜美林短期大学、産能短大、日本航空高校、国土交通省・住宅産業研修財団などの講師を務める。現在、つくば能力開発センター取締役所長。エジソン・アインシュタインスクール協会会長。

主な著書に『ひかり速読法』『実践・成功脳の作り方』『マイナス2歳からの子育て』（ＫＫロングセラーズ）など多数。

おもな参考文献

『子供も大人もなぜキレる』大沢博著、ブレーン出版
『子どもの脳が危ない』福島章著、ＰＨＰ研究所
月刊『致知』2008・５月号
『食品の裏側　みんな大好きな食品添加物』安部司著、東洋経済新報社
『なぜ「少年」は犯罪に走ったのか』碓井真史著、ＫＫベストセラーズ
『心がもっと軽くなる』菊川豪著、アートヴィレッジ
『放射能汚染元年』西川榮郎・阿部一理著、コスモ21
『放射能汚染から命を守る最強の知恵』阿部一理・堀田忠弘著、コスモ21
農林水産省ホームページ、厚生労働省ホームページ

給食で死ぬ!!

2012年９月21日　第１刷発行
2012年10月12日　第２刷発行
著　者　大塚貢・西村修・鈴木昭平
発行人　杉山隆
発行所　コスモ21
〒171-0021　東京都豊島区西池袋2-39-6・8F
ＴＥＬ. 03-3988-3911
ＦＡＸ. 03-3988-7062
ＵＲＬ. http://www.cos21.com/
印刷・製本　日経印刷株式会社

定価はカバーに表示してあります。
ISBN978-4-87795-239-6 C0030